财政部规划教材
全国财政职业教育教学指导委员会推荐教材
全国高职高专院校财经类教材

外贸报检实务

（第二版）

徐　冉　主编

中国财政经济出版社

图书在版编目（CIP）数据

外贸报检实务/徐冉主编．—2版．—北京：中国财政经济出版社，2013.7
财政部规划教材　全国财政职业教育教学指导委员会推荐教材　全国高职高专院校财经类教材
ISBN 978－7－5095－4540－9

Ⅰ．①外…　Ⅱ．①徐…　Ⅲ．①进出口贸易－商品检验－中国－高等职业教育－教材②国境检疫－卫生检疫－中国－高等职业教育－教材　Ⅳ．①F752.6②R185.3

中国版本图书馆CIP数据核字（2013）第114982号

责任编辑：张　铮　　　责任校对：杨瑞琦
封面设计：陈　瑶　　　版式设计：兰　波

中国财政经济出版社 出版
URL：http：//www.cfeph.cn
E－mail：cfeph@cfeph.cn

社址：北京市海淀区阜成路甲28号　邮政编码：100142
发行处电话：88190406　财经书店电话：64333436
北京富生印刷厂印刷　各地新华书店经销
787×1092毫米　16开　11.75印张　267 000字
2013年7月第2版　2013年7月北京第1次印刷
定价：24.00元
ISBN 978－7－5095－4540－9/F·3680
（图书出现印装问题，本社负责调换）
本社质量投诉电话：010－88190744
反盗版举报热线：88190492　88190446

编写说明

本书是财政部规划教材、全国财政职业教育教学指导委员会推荐教材，由财政部教材编审委员会组织编写并审定，作为全国高职高专院校财经类教材使用。

近年来，随着经济全球化和区域经济一体化的进一步发展，国际生产要素流动和产业转移也加快了步伐，我国对外贸易紧紧抓住这来之不易的战略机遇期，转变经济增长方式。但与此同时，出口贸易中存在的一些问题也日益突出，离贸易强国和科学发展观的要求还有不少差距。商品检验检疫作为对外贸易的重要环节，是一项政策性、技术性、涉外性较强的工作，与我国能否顺利开展对外贸易事业息息相关。为了更好地贯彻《国务院关于大力发展职业教育的决定》精神，培养面向生产、建设、服务和管理第一线需要的外贸报检行业的高技能人才，推动课程建设与改革，加强教材建设，帮助高职高专院校的学生顺应新形势，了解最新的检验检疫知识并掌握相应的实践操作技能，财政部组织全国财经类高职高专院校从事外贸报检教学多年，同时有丰富实践经验的教师编写了本教材。

本教材以我国进出口贸易业务为背景，围绕出入境检验检疫业务这一主线，介绍相应的法律法规和业务流程，并紧密结合全国报检员职业资格证书考试大纲的要求进行编写。旨在通过浅显生动的阐述，教授学生最新的检验检疫知识和技能，使其迅速掌握具体的检验检疫工作技能，将来能较好、较快地适应外贸报检工作。

本教材在编写过程中，突出内容与形式的创新，具体编写原则如下：

1. 实用性原则。本书在安排章节时，尽可能根据外贸报检业务操作进行设计，突出了适用性和可操作性，以此营造一种仿真情景，使学生能更好地了解商品检验检疫工作流程。在具体技能讲述过程中加入各项操作技巧和真实案例，使学生能更切实地了解我国外贸报检工作。

2. 立体化原则。本教材在体例格式方面全面创新，融系统性、知识性、趣味性、可读性于一体。每章前有学习目标、技能要求、导入案例，每章后有复习思考题、实训练习，以方便讲练结合。教材中还适当添加点缀性栏目，以增强可读性。在搜集相关报检工作操作材料的基础上，将模拟教学、案例教学、实训式教学引入课堂，突出立体化教材建设的特点，以全面培养学生从事外贸报检工作的能力。

3. 学历教育与证书教育相结合原则。本教材既兼顾高职高专在校生的现有专业基础，难易适中。同时，又满足报检员资格证书考试的需要，将学历教育与职业资格考试相结合，知识精炼，重点突出，以取得较理想的学习效果。

参加本书编写工作的有：河南财政税务高等专科学校徐冉（第一、二、七章，第九章第三节），河南财政税务高等专科学校陈鹃（第四章，第九章第一节），广东外语外贸大学张铁（第三章），广州番禺职业技术学院刘云（第五章，第九章第二节），广西国际商务职业技术学院杨磊（第六、八章）。全书由徐冉担任主编，陈鹃担任副主编，江西财经职业学院徐龙伟、广州番禺职业技术学院张宏博担任主审。徐冉负责总纂和修改工作。

本书有电子课件，用书学校任课老师若需要，请登录如下网址：http：//www. zgcjjy. com。主编邮箱：xuran70@126.com。

本教材在编写过程中参阅和引用了国内外有关报检学科的论著和资料，在此，我们对这些文献的作者和译者表示由衷的感谢和诚挚的敬意。限于编者水平，书中难免存在不足之处，敬请资深专家和广大读者批评指正。

编 者

2010 年 4 月

目录

第一章 中国出入境检验检疫的一般规定

学习目标

学习目标：

- □了解我国出入境检验检疫的工作流程
- □ 熟悉自理报检和代理报检程序和管理
- □ 掌握出入境检验检疫的工作内容
- □ 知道报检员资格取得的程序、享有的权利和承担的义务

技能要求：

- □ 能正确按照我国出入境检验检疫机构的要求，做好自理和代理报检业务

第一节 出入境检验检疫的工作内容

出入境检验检疫包括两部分：（1）法定检验检疫；（2）商业性贸易条款要求的检验鉴定。

一、法定检验检疫

法定检验检疫是指出入境检验检疫机构根据我国《进出口商品检验法》、《进出境动植物检疫法》、《国境卫生检疫法》、《食品安全法》以及其他有关法律法规的规定，对出入境人员、货物、运输工具、集装箱以及其他法定检验检疫物实施是否符合国家技术规范

的强制性要求的合格评定活动。

合格评定程序包括抽样、检验检疫和检查、检测、监督、评估、验证和合格保证，注册、认可和批准以及各项的组合。

按照《TBT[①] 协定》，作为出入境检验检疫的依据，"技术规范"是强制性的，"标准"是非强制性的；而我国标准化法将"标准"分为"强制性标准"和"推荐性标准"，这与 TBT 协定的表述不同。我国已经承诺将按照《TBT 协定》项下的含义使用"技术规范"和"标准"表述。据此，出入境检验检疫的强制性检验检疫应按照国家技术规范的强制性要求进行，没有国家技术规范的强制性要求的，按照国外有关技术标准进行检验。

相关链接

TBT 是《技术性贸易壁垒协议》（Agreement on Technical Barriers to Trade）的简称，是世界贸易组织管辖的一项多边贸易协议，是在关贸总协定"东京回合"同名协议的基础上修改和补充的。它由前言、15 条正文及 3 个附件组成。

我国 2005 年 1 月 1 日起实施的《出入境检验检疫机构实施检验检疫的进出境商品目录》（简称《法检目录》）是由国家质检总局对须实施检验检疫的商品种类进行调整后公布实施的。《法检目录》的基本结构由"商品编码""商品名称及备注""计量单位""海关监管条件"和"检验检疫类别"五项组成。其中"商品编码"在原 8 位 H. S 编码的基础上以末位补零的方式补足 10 位码，所有 H. S 编码第九位前的小数点，一律取消。"商品名称及备注"结合《海关进出口税则》的"货品名称"与"子目注释"，与《商品名称及编码协调制度》对应。"计量单位"为《H. S 编码》第一标准计量单位。"海关监管条件"为"A"，表示须实施进境检验检疫；为"B"，表示须实施出境检验检疫；为"D"，表示实施海关与检验检疫联合监管。"检验检疫类别"字母的含义："M"表示进口商品检验；"P"表示进境动植物、动植物产品检疫；"R"表示进口食品卫生监督检验；"N"表示出口商品检验；"Q"表示出境动植物、动植物产品检疫；"S"表示出口食品卫生监督检验；"L"表示民用商品入境验证（对检验检疫类别设置为"L"的 H. S 编码，具体认证适用范围按照国家质检总局、认监委的有关公告执行）；"V"表示进境卫生检疫；"W"表示出境卫生检疫。

二、对外贸易商业性检验检疫

1. 质量检验。就是运用各种检测手段，对出入境货物的质量、规格、成分、性能及其他技术条件进行检验，确定其是否符合对外贸易合同（包括成交小样）、标准的规定。由于进出口贸易（商品）的核心在于其货物具有使用价值和交换价值，如果货物的质量发生问题，就会丧失或影响使用价值和交换价值，使贸易双方中的一方遭受损失。因此，质量检验是国际贸易中必不可少的一项重要条件。

2. 规格检验。货物的规格是指用以反映货物品质的一些主要指标，如成分、含量、

---

① TBT 即技术性贸易壁垒。

纯度、尺寸、不合格品率等。规格的内容随着货物的不同而不同，如机器设备的规格、农产品的规格。用规格来确定货物品质的方法称为凭规格买卖。

3. 数量检验。数量检验（鉴定）是按照对外贸易合同规定的计价单位，按照发票、装箱单或尺码明细单等，对所列货物的实际数量，包括件数、长度、面积、容积、体积等，进行核点鉴定计数，得出该批货物的准确数量。

4. 重量检验。重量检验（鉴定）是按照对外贸易合同规定，根据不同货物的特性，结合国际惯例，采取不同的计量方式，对出入境货物进行检验（鉴定），得出准确的重量。重量检验方式主要有四种：（1）对价值不高的海运散装固体商品，一般采用水尺计量，旧称“固体公估”；（2）对散装液体货物，一般采用容器计重，旧称“液体公估”；（3）对液体货物也可采用流量计重；（4）对多数货物采取衡器计重。

5. 包装检验。除出境危险货物的包装容器按《国际危规》及国家法律、行政法规规定的程序进行性能鉴定外，多数出境货物的运输包装检验鉴定，一般也应进行性能鉴定和使用鉴定，包括包装标志的检验鉴定；还要根据对外贸易合同检验包装材料和包装方法及其是否牢固、完整、干燥和清洁，是否适宜长途远洋运输和保护商品质量、数量的习惯要求。

三、鉴定业务

1. 外商投资财产价值鉴定。外商投资财产价值鉴定的内容包括外商投资财产的品种、质量、数量、价值和损失鉴定。品种、质量、数量鉴定是对外商投资财产的品名、型号、质量、数量、规格、商标、新旧程度及出厂日期、制造国别、厂家等进行鉴定。价值鉴定是对外商投资财产的现时价值进行鉴定。损失鉴定是对外商投资财产因自然灾害、意外事故引起损失的原因、程度，以及损失清理费用和残余价值的鉴定。

2. 货物装载和残损鉴定。用船舶和集装箱装运粮油食品、冷冻品等易腐食品出口的，应向口岸检验检疫机构申请检验船舱和集装箱，经检验符合装运技术条件并发给证书后，方准装运。对外贸易关系人及仲裁、司法等机构，对海运进口商品可向检验检疫机构申请办理检视、残损鉴定、监视装载、海损鉴定、验残等残损鉴定工作。

第二节
我国出入境检验检疫工作的流程

我国出入境检验检疫采用将进出口商品检验、动植物检疫和卫生检疫工作合并在一起，实行“一次报检、一次抽（采）样、一次检验检疫、一次卫生除害处理、一次计收费、一次发证放行”的工作模式，实行“先报检，后报关”的工作程序。

一、我国出入境检验检疫工作的一般流程

出入境检验检疫工作的一般流程为：**报检/申报→计收费→抽样→检验检疫→卫生除害处理→签证放行。**

1. 报检/申报。申请人按规定向检验检疫机构报检或申报，检验检疫机构的工作人员审核报检人提交的报检单内容填写是否正确，应附单据资料是否齐全并符合规定，索赔或出运是否超过有效期等。审核无误后，方可受理报检。

2. 计收费。检验检疫机构的工作人员按照2004年4月1日实施的《出入境检验检疫收费办法》的规定向受理报检企业计费并收取费用。

3. 抽样。检验检疫人员对需检验检疫并出具结果的出入境货物，须到现场抽取（采取）样品进行检验，如不能直接进行检验的，应对样品进行制样。样品及制备的小样经检验检疫后，要重新封存。

4. 检验检疫。检验检疫人员对报检货物，通过感官、物理、化学和微生物等方法进行检验检疫，判定其是否符合有关强制性标准、合同或进口国官方机构的有关规定。

5. 卫生除害处理。检验检疫人员按照我国《国境卫生检疫法》及其《实施细则》、《进出境动植物检疫法》及其《实施条例》的有关规定，对有关出入境货物、动植物、运输工具和交通工具等实施入境货物卫生除害处理。

6. 签证放行。检验检疫机构对检验检疫合格的出境货物签发出境货物通关单，作为通关依据；对检验检疫不合格的出境货物签发出境货物不合格通知单。入境货物经除害处理或检验检疫合格后签发入境货物通关单或入境货物检验检疫证明；不合格的签发检验检疫证书，供有关方面对外索赔。

二、出境货物检验检疫工作的流程

出境货物检验检疫工作的一般程序是：先报检，后进行检验检疫，再通关。法定检验检疫的出境货物，其检验检疫的工作流程如图1-1所示。

对产地和报关地不一致的出境货物，报检人应向产地检验检疫机构报检，检验检疫合格后出具“出境货物换证凭单”或将电子信息发送至口岸检验检疫机构并出具“出境货物换证凭条”。报检人凭“出境货物换证凭单”或“出境货物换证凭条”向口岸检验检疫机构报检。口岸检验检疫机构验证或核查货证无误后出具“出境货物通关单”。检验检疫机构对检验检疫不合格的出境货物签发“出境货物不合格通知单”，禁止其出口。

三、入境货物检验检疫工作的流程

入境货物检验检疫工作的一般程序是：先报检，后通关，再进行检验检疫。法定检验检疫的入境货物，其检验检疫的工作流程如图1-2所示。

检验检疫机构按有关规定受理入境的废物、活动物等特殊货物的报检，要先进行检验检疫，合格后签发“入境货物通关单”。对于最终使用地不在进境口岸检验检疫机构辖区内的货物，可在口岸只办理报检和通关手续，货物的检验检疫和出证等工作均在目的地检验检疫机构完成（按规定应在进境口岸检验检疫机构进行检验检疫的货物除外）。

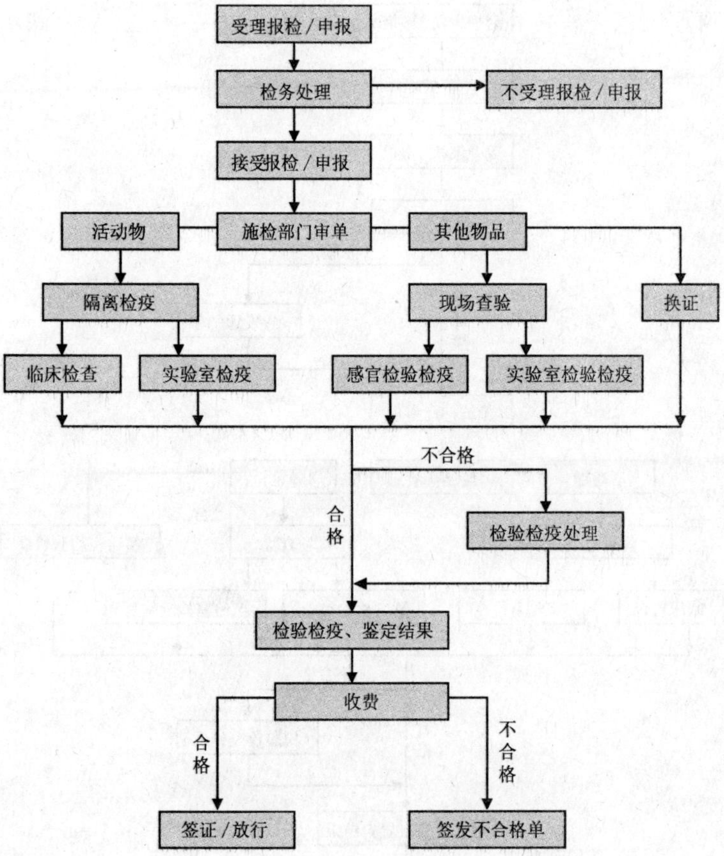

图 1-1　出境货物检验检疫、鉴定流程图

第三节
出入境检验检疫报检单位

出入境检验检疫报检（以下简称“报检”）是指报检人依法向检验检疫机构申报检验检疫并办理相关手续启动检验检疫流程的行为。凡是国家规定法定检验的商品必须向检验检疫机构报检。

报检主体是指根据中国检验检疫法律及《出入境检验检疫报检员管理规定》的要求，在出入境检验检疫机构登记备案或登记注册的境内企业法人、组织或个人。按其登记性质，报检主体可分为自理报检单位和代理报检单位两种类型（见图1-3）。报检主体和报检员统称为“报检人”。

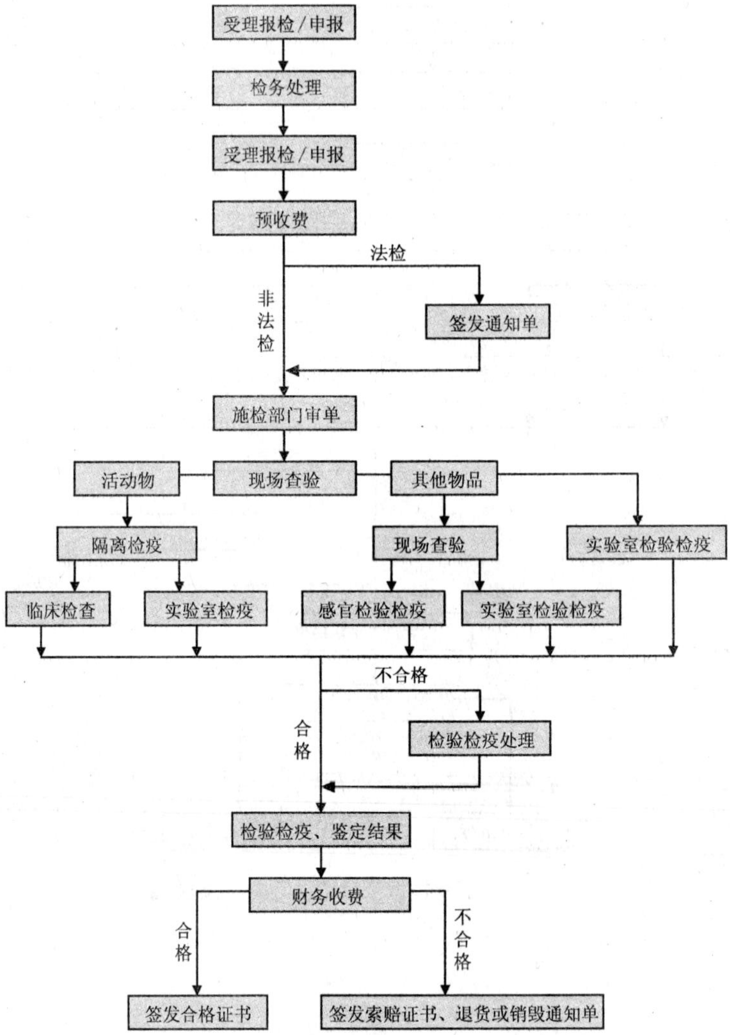

图 1－2　入境货物检验检疫、鉴定流程图

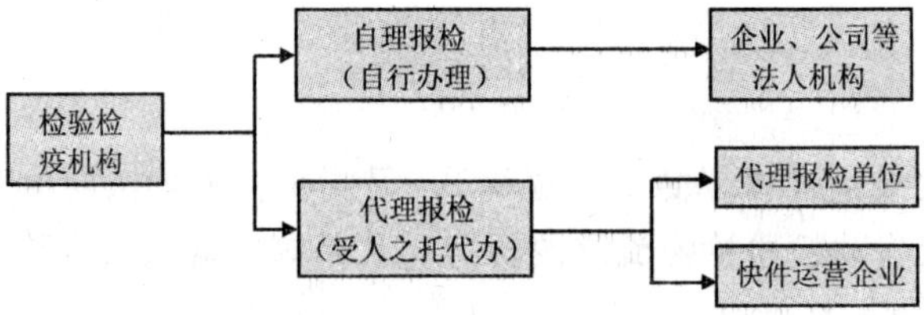

图 1－3　报检单位类型图

一、自理报检单位

（一）自理报检的概念

自理报检是指办理本单位检验检疫事项的行为。从事自理报检业务的单位称为“自

理报检单位”。自理报检单位获取了国家质检总局颁发的“自理报检单位备案登记证明书”后，方可从事自理报检工作。

（二）自理报检单位的范围

根据我国《出入境检验检疫报检规定》，自理报检单位的范围主要包括：

1. 具有进出口经营权的国内企业；

2. 进口货物的收货人或其代理人；

3. 出口货物的生产企业；

4. 出口货物运输包装及出口危险货物运输包装生产企业；

5. 中外合资、中外合作和外商独资企业；

6. 国外（境外）企业和商社常驻中国代表机构；

7. 进出境动物隔离饲养和植物繁殖生产单位；

8. 进出境动植物产品的生产、加工、存储和运输单位；

9. 对进出境动植物、动植物产品、装载容器、包装货物和交通运输工具等进行药剂熏蒸及消毒服务的单位；

10. 有进出境交换业务的科研单位；

11. 其他需报检的单位。

（三）自理报检单位备案登记

依据《出入境检验检疫报检规定》的有关规定，国家对自理报检单位实行备案登记管理制度。凡纳入自理报检范围的单位，首次办理报检业务时，须持有关证件向当地出入境检验检疫机构申请办理备案登记手续。领取并填写登记申请表（见表 1－1），并交验下列证明文件（或网上提交）：

1. 无进出口经营权的出口货物生产企业及其他企业，办理备案登记时，交验企业工商营业执照并交付有效复印件，及与出入境事项有关的文件或合同等。

2. 有进出口经营权的国内企业及中外合资、中外合作、外商独资企业办理备案登记时，交验企业工商营业执照和政府批文，并交付有效复印件。

3. 事业单位需提供行政属地县（处）级单位以上主管部门的证明文件。

4. 单位公章印模备案。

5. 自理报检单位备案登记持“自理报检单位备案登记表”，并交付证明性文件，经检验检疫机构审查合格，给予办理备案登记。办理备案登记时，须带单位公章或公章印模领取“自理报检单位备案登记证明书”。

6. 自理报检单位需按以下程序履行异地备案手续：（1）报检单位如赴异地报检，须持“自理报检单位备案登记证明书”副本或复印件，填写异地备案登记表，明确标示已取得的唯一性代码，做异地备案申请工作。（2）受理申请的异地出入境检验检疫机构将其数据存入当地数据库，并保留延用该单位已有唯一性代码。自理报检单位的备案登记程序如图 1－4 所示。

（四）自理报检单位的权利

1. 根据检验检疫法律法规，依法办理出入境货物、人员、运输工具、动植物及其产品等及其相关的报检/申报手续。

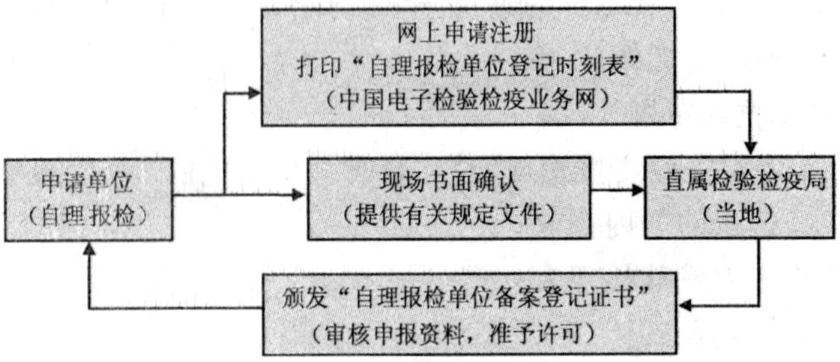

图 1－4　自理报检单位的备案登记程序

表 1－1　　自理报检单位的备案登记申请表

申请单位名称（中文）					
申请单位名称（英文）					
企业地址				邮政编码	
海关注册代码		电话号码		法人代表	
E－mail 地址		传真电话		联系人	
企业性质	□国有　□中外合作　□中外合资　□外商独资 □集体　□私营　□其他				
组织机构代码		外资投资国别（“三资”企业）			
经营单位					
开户银行			银行账号		
随附文件	□企业营业执照复印件 □批准证书/资格证书复印件 □组织机构代码复印件 □其他 以上文件的复印件应加盖公章				
申请单位公章： 法人代表签字：			报检专用章： 填报人： 日期：　年　月　日		
*以下由出入境检验检疫机构填写： 企业备案登记代码：			经办人： 日期：　年　月　日		

2. 按有关规定办理报检，并提供抽样、检验检疫的各种条件后，有权要求检验检疫机关在国家质检部门统一规定的检验检疫期限内完成检验检疫工作，并出具证明文件。如因检验检疫工作人员玩忽职守造成入境货物超过索赔期而丧失索赔的权利，或出境货物耽误装船结汇的，有权追究当事人责任。

3. 对检验检疫机构的检验检疫结果有异议的，有权在规定的期限内向原检验检疫机构或其上级检验检疫机构乃至国家质检部门申请复检。

4. 在保密情况下提供有关商业及运输单据时，有权要求检验检疫机构及其工作人员予以保密。

（五）自理报检单位的义务

1. 遵守国家有关法律、法规和检验检疫规章，对所报检货物的质量负责，并接受出入境检验检疫机构的监督管理。

2. 遵守属地管理原则，报检单位应在其工商注册所在地辖区的检验检疫机构办理备案登记手续。

3. 应当按检验检疫要求选用若干名报检员，由报检员凭检验检疫机构核发的“报检员证”办理报检手续，机构应加强对本单位报检员的管理。

4. 提供正确、齐全、合法、有效的证单，完整、准确、清楚地填制报检单，并在规定的时间和地点向检验检疫机构办理报检手续。

5. 在办理报检手续后，应当按要求及时与检验检疫机构联系验货，协助检验检疫工作人员进行现场检验检疫、抽（采）样及检验检疫处理的事宜，并提供进行抽（采）样和检验检疫、鉴定等必要的工作条件。

6. 对已经检验检疫合格放行的出口货物应加强批次管理，不得错发、错运、漏发致使货证不符。对入境的法定检验货物，未经检验检疫或未经检验检疫机构的许可，不得销售、使用或拆卸、运递。

7. 申请检验检疫、鉴定工作的，应按规定缴纳检验检疫费。

二、代理报检单位

（一）代理报检的概念

代理报检是指经国家质检总局注册登记的境内企业法人（代理报检单位），依法接受进出口货物收、发货人的委托，为进出口货物收、发货人办理报检手续的行为。

从事代理报检业务，在工商行政管理部门注册登记的境内企业法人称为“代理报检单位”。未经国家质检总局注册登记的单位不得从事出入境检验检疫代理报检事宜。代理报检单位在接受委托办理报检等相关事宜时，应当遵守有关出入境检验检疫法律法规规定，并对代理报检各项内容的真实性、合法性负责，承担相应的法律责任。

（二）代理报检单位的申请

申请从事报检的企业应向所在地检验检疫机构办理代理报检注册登记手续，并应当具备以下条件：

1. 申请单位应取得工商行政管理部门颁发的“企业法人营业执照”，该执照范围中列明有代理报检或与之相关的经营权；

2. 申请单位注册资金应在人民币100万元以上；

3. 申请单位应具备固定场所以及符合办理检验检疫报检业务所需的条件和设施；

4. 申请单位应有健全的代理报检管理制度；

5. 申请单位有不少于5名经检检疫机构考试合格并取得“报检员资格证书”的人员，并与每个报检员签有合法劳动合同，为每个报检员缴纳社会保险金；

6. 申请单位应提交声明符合《出入境检验检疫代理报检管理规定》的有关条款；

7. 申请单位还必须符合国家质检总局规定的其他条件。

（三）代理报检单位注册登记、变更与年审

1. 注册申请。申请从事代理报检业务的代理报检单位应向所在地辖区的直属检验检疫局提出申请并提交相关材料。材料主要包括：

（1）代理报检单位办理登记时需填写“代理出入境检验检疫报检单位注册登记申请书”，并由企业法定代表人署名，加盖单位公章；

（2）提供上级主管部门批准成立的文件；

（3）工商行政管理部门颁发的《企业法人营业执照》，该执照经营范围中应列明代理报检或与之相关的经营权，经验证后交付其复印件备案；

（4）提交代理报检单位的保证书；

（5）提交报检时使用的印章印模及法人代表签名手迹备查；

（6）货运代理公司须提供交通主管部门的批准文件。

2. 注册登记程序

（1）申请从事代理报检业务的代理报检单位应向所在地辖区的直属检验检疫局提出申请并提交相关资料；

（2）接受申请的直属检验检疫局对申请进行初审；

（3）经直属检验检疫局初审后，符合条件的上报国家质检总局审核，经国家质检总局审核合格，颁发“代理报检单位注册登记证书”。取得“代理报检单位注册登记证书”的代理报检单位，应当在国家质检总局批准的区域内从事代理报检业务。

3. 年审。检验检疫机构对代理报检单位实行年终审核制度，要求代理报检单位应在每年3月31日前向所在地的检验检疫机构申请年度审核，并提交上一年度的“代理检验单位年审报告书”。“代理检验单位年审报告书”的主要内容包括：该审核年度的代理报检业务量及业务情况分析、财务报告、报检差错及原因、遵守检验检疫情况以及自我评估等。办理注册不满一年的，本年度可不参加年审。

4. 变更。代理报检单位遇有变更名称、地址、法定代表人、报检员、企业性质、经营范围及其他已在国家质检总局和直属局登记内容的，均在发生变更之日起15日内以书面形式报所在地直属检验检疫局。

（四）代理报检单位的权利

1. 代理报检单位注册登记后，其在检验检疫机构注册并持报检员证的报检员有权在批准的代理报检区域内向检验检疫机构办理代理报检业务，但不得出借；

2. 除另有规定外，经国家质检总局准予批准注册登记的代理报检单位，有权代理委托人委托的出入境检验检疫报检业务，并代缴纳检验检疫费用；

3. 进口货物的收货人可以在报关地和收货地委托代理报检单位报检，出口货物发货人可以在产地和报关地委托代理报检单位报检；

4. 代理报检单位对检验检疫机构的检验检疫结果有异议的，有权在规定的期限内向原检验检疫机构或其上级检验检疫机构以及国家质检总局申请复验。

（五）代理报检单位的义务

1. 代理报检单位在办理代理报检义务等事项时，必须遵守出入境检验检疫法律、法规和《出入境检验检疫报检规定》，不得出借其名义供他人办理代理报检业务，并对其所报检货物的品名、规格、价格、数量/重量，以及其他应报的各项内容和提交有关文件的真实性、合法性负责，承担相应的法律责任。

2. 代理报检单位在办理代理报检业务等事项时，必须提交委托人的报检委托书，载明委托人与代理报检单位的名称、地址、联系电话、代理事项，以及双方的责任、权利和代理期限等内容，由法定代表人签字并加盖双方公章。

3. 代理报检单位应按规定填制报检申请书，加盖代理报检单位的合法印章，并提供检验检疫机构要求的必要单证，在规定的期限、地点办理报检手续。

4. 国家质检部门鼓励代理报检单位以电子方式向检验检疫机构进行申报，但不得利用电子报检企业端软件开展远程电子预录入。

5. 代理报检单位应切实履行代理报检职责，负责与委托人联系，协助检验检疫机构落实检验检疫的时间与地点，配合检验检疫机构实施检验检疫，并提供必要的工作条件。对已完成检验检疫工作的，应及时领取检验检疫证单和通关证明。

6. 代理报检单位应积极配合检验检疫机构对其代理报检业务有关事宜的调查和处理，并且对实施代理报检中所获悉的商业秘密负有保密的义务。

7. 代理报检单位应按规定代委托人缴纳检验检疫费，在向委托人收取相关费用时应如实地列明检验检疫机构收取的费用，并向委托人出示检验检疫机构出具的收费票据。

三、自理报检单位和代理报检单位的比较

依据我国《出入境检验检疫报检规定》，出入境检验检疫报检的单位分为两类：自理报检单位和代理报检单位。二者的权利、责任、义务及要求规定得十分明确，管理方式和要求有所不同，如表 1－2 所示。

表 1－2　自理报检单位和代理报检单位的比较

	自理报检单位	代理报检单位
管理办法	备案制	注册制
证书名称	自理报检单位备案登记证明书	代理报检单位注册登记证明书
变更日期	15 天	15 天
变更申报部门	所在直属地	国家质检总局
异地报检备案	保留并沿用原来 10 位代码	原则上不予异地备案

续表

	自理报检单位	代理报检单位
报检地	无	进口：报关地、收货地 出口：报关地、产地
申报方式		允许电子申报，不允许远程电子预录入
适用法律		中华人民共和国民法通则
年度审核		每年3月31日前，提交年审报告
报检委托书		须加盖双方公章

第四节
出入境检验检疫报检员

根据《出入境检验检疫报检员管理规定》，报检员是指获得国家质检总局规定的资格，在检验检疫机构注册后，负责办理出入境检验检疫报检业务的人员。报检员必须服务于某一个报检单位而不能独立其外，是报检单位与检验检疫机构联系的桥梁。

一、报检员资格的取得

报检员资格实行全国统一考试制度。自理报检单位或代理报检单位在向检验检疫机构备案或注册登记时指派的报检人员，须经国家质检总局统一考试合格取得报检员资格证，并在报检员资格证有效期内向其所在地辖区的检验检疫机构注册登记，取得出入境检验检疫报检员证后持证上岗，方可从事报检业务，同时报检。报检员资格证与报检员证的比较如表1－3所示。

表1－3　报检员资格证与报检员证的比较

	报检员资格证	报检员证
有效期	2年	2年
延长期	不得延期	期满之日前1个月可申请延长2年
遗失	无	7天内登报声明，申请补办
变更		持调入企业的证明文件

单位对其指派的报检人员的报检行为负法律责任。因此，企业向检验检疫机构推荐报检员时必须选择具有良好的政治修养、较强的法律意识和工作责任心的人，其要求是：

1. 年满18周岁，具有完全民事行为能力，品行良好；

2. 具有高中或中等专业学校毕业以上学历，有相关的英语水平和计算机操作能力；

3. 具有出入境检验检疫、国际贸易、运输、银行、保险、海关知识和商品学知识；

4. 具有知法、学法、懂法、守法的意识，能严格遵守出入境检验检疫法律法规，接受出入境检验检疫机构的培训和业务指导；

5. 了解出入境检验检疫法律法规，熟悉出入境检验检疫报检程序，能认真办理报检事项。

提示：获得《报检员资格证》后2年内未从事报检业务的，《报检员资格证》自动失效。

二、报检员的义务

1. 报检员负责本企业的进出口货物申请报检事宜。

2. 报检员有义务向本企业的领导传达并解释出入境检验检疫有关法律法规、通告及管理办法。

3. 报检员须依法按规定向检验检疫机构履行登记或报检所必需的程序和手续，做到报检的期限和地点符合检验检疫机构的有关规定，申请证单填写正确、详细，随附证单齐全。

4. 报检员有义务向检验检疫机构提供进行抽样和检验、检疫、鉴定等必要的工作条件，如必要的工作场所、辅助劳动以及交通工具等。配合检验检疫机构为实施检验检疫而进行的现场验（查）货、抽（采）样及检验检疫处理等事宜，并负责传达和落实检验检疫机构提出的检验检疫监管措施和其他有关要求。

5. 报检员有义务对经检验检疫机构检验合格放行的出口货物加强批次管理，不得错发、漏发致使货证不符。对入境的货物，未经检验检疫或检验检疫不合格，不得销售、使用或拆卸、运递。

6. 报检员在申请检验、检疫、鉴定时，应按规定缴纳检验检疫费。

7. 报检员必须严格遵守有关法律法规和有关行政法规，不得擅自涂改、伪造或变造检验检疫证（单）。

8. 对于进境检疫物报检必须做到：经批准后提供隔离场所，办理检疫审批，配合检疫进程，了解检疫结果，适时做好除害处理，对不合格货物按检疫要求配合检验检疫机构作退运、销毁等处理。

9. 对于出境检疫物报检必须做到：配合检验检疫机构，掌握输入国家（地区）必要的检疫规定等有关情况，进行必要的自检，提供有关产地检验资料，帮助检验检疫机构掌握产地疫情，了解检疫结果，领取证书。

10. 对于入境不合格货物，应及时向检验检疫机构通报情况，以便整理材料、证据对外索赔。对于出境货物要收集对方对货物的反馈（尤其是有异议的货物），以便总结经验或及时采取对策，解决纠纷。

11. 报检员办理报检业务须出示报检员证，检验检疫机构不受理无证报检业务。

三、报检员的权利

1. 对于进境货物，报检员在检验检疫机构规定的时间、地点办理报检，并提供抽样、检验的各种条件后，有权要求检验检疫机构在对外贸易合同约定的索赔期限内检验完毕，并出具证明。如果由于检验检疫工作人员玩忽职守造成货物超过索赔期而丧失索赔权的，报检员有权追究有关当事人的责任。

2. 对于出境货物，报检员在检验检疫机构规定的时间、地点办理报检，并提供必要的工作条件，缴纳检验检疫费后，有权要求在不延误货物装运的期限内检验完毕，并出具证明。如因检验检疫工作人员玩忽职守而耽误装船结汇，报检员有权追究当事人的责任。

3. 报检员对检验检疫机构的检验检疫结果有异议时，有权根据有关法律规定，向原检验检疫机构或其上级机构申请复检。

4. 报检员如有正当理由须撤销报检时，有权按有关规定办理撤销手续。

5. 报检员在保密情况下提供有关商业单据和运输单据时，有权要求检验检疫机构及其工作人员给予保密。

6. 对出入境检验检疫的工作人员滥用职权、徇私舞弊、伪造检验检疫结果的，报检员有权依法追究当事人的法律责任。

四、报检员的管理

报检员在取得报检员证后即可从事报检工作，同时接受检验检疫机构的监督和管理。其内容包括：

（一）一般规定

1. 出入境检验检疫机构负责对报检人员的培训、资格考试、考核、发证、管理等工作。

2. “报检员证”的有效期为两年，期满之日前1个月，报检员应当向发证检验检疫机构提出审核申请，同时提交审核申请书。

3. 检验检疫机构结合日常报检工作记录对报检员进行审核。经审核合格的，其报检员证的有效期延长两年。经审核不合格的，报检员应当参加检验检疫机构组织的报检业务培训，经考试合格后，其报检员证的有效期延长两年。未经审核或经审核不合格且未通过培训考试的，不予延长其报检员证有效期。

4. 根据需要，对已取得报检员资格的人员进行不定期培训，以便传达有关出入境检验检疫新的规定、通告等事宜。

5. 报检员不再从事报检工作时，应以书面形式向原注册登记的检验检疫机构办理注销手续，同时交回报检员证，不能交回被终止的报检员证的，应当办理登报作废手续。

6. 报检员证如有遗失，应办理登报作废手续，并向原发证的检验检疫机构申请补办。

7. 报检员调往其他企业从事报检业务的，应持调入企业的证明文件，向发证检验检疫机构办理变更手续。调往异地从事报检业务的，应向调出地检验检疫机构办理注销手续，并持检验检疫机构签发的注销证明向调入企业所在地检验检疫机构重新办理注册手续。经核准的，检验检疫机构予以换发新的报检员证。

8. 报检员证是报检员办理报检业务的凭证，不得转借、涂改。

9. 报检员不得同时兼任两个或两个以上报检单位的报检工作。

10. 检验检疫机构对报检员日常报检行为实施差错登记管理制度。

对报检员在从事出入境报检活动中有逃避检验检疫或违反检验检疫有关规定行为的，检验检疫机构依照有关法律法规，追究报检单位及相关报检员的法律责任。

（二）代理报检单位报检员的其他规定

1. 代理报检单位指派的报检员，只允许办理本代理报检单位所承揽的代理报检业务，不允许办理其他法人或组织的报检业务。

2. 代理报检单位指派的报检员，在检验检疫机构从事报检事项，属该代理报检单位的公务活动，对其行为负有一切法律责任。

3. 注册登记的代理报检单位，如需撤销本代理报检单位已注册的报检员，应向原注册登记的检验检疫机构办理书面注销手续，并交回被撤销人员的报检员证。

4. 代理报检单位的报检员，如有以下行为坚决取消其代理报检资格，并注销其企业登记：（1）违反国家质检总局有关代理报检规定的；（2）不向企业如实反映检验检疫收费标准，借代理报检名义向企业收取高额费用的；（3）不能按照有关规定认真履行代理报检职责，被企业投诉经查实的；（4）其他欺诈行为。

相关链接

报检员有下列行为之一的，由检验检疫机构取消其报检资格，吊销报检员证：

1. 不如实报检，造成严重后果的；

2. 提供虚假合同、发票、提单等单据的；

3. 伪造、编造、买卖或者盗窃、涂改检验检疫通关证明、检验检疫单证、印章、标识、封识和质量认证标志的；

4. 其他违反检验检疫法律法规规定，情节严重的。

[复习思考题]

一、单选题

1. 自理报检单位应在（　　）检验检疫机构办理备案登记手续。

A. 报检地　　B. 报关地

C. 工商注册地　　D. 以上任何一个都可以

2. “代理报检单位注册登记证书”由（　　）颁发。

A. 当地检验检疫局　　B. 直属检验检疫局

C. 国家质检总局　　D. 以上任何一个都可以

3. 报检员证的有效期为（　　）年。

A. 5　　B. 2

C. 10　　D. 14

4. 检验检疫机构对代理报检单位实行年度审核制度，代理报检单位应当在每年（　　）前向所在地直属检验检疫局申请年度审核，并提交上一年度的《年审报告书》。

A. 12 月 31 日　　B. 6 月 30 日

C. 3 月 31 日　　D. 1 月 31 日

5. 代理报检单位在办理代理报检业务时，应交验委托人的报检委托书并（　　）。

A. 加盖委托人的公章　　B. 加盖代理报检单位的公章

C. 加盖双方公章　　D. 无须加盖公章

6. 代理报检单位不得利用电子报检企业端软件进行（　　）。

A. 电子报检　　B. 电子申报

C. 产地证电子签证　　D. 远程电子预录入

二、多选题

1. 根据有关规定，以下所列可申请自理报检单位备案登记的有（　　）。

A. 出口货物的生产企业　　B. 进口货物的收货人

C. 出口货物运输包装生产企业　　D. 外资企业

2. 以下所列情况，报检员所属企业应收回其“报检员证”交当地检验检疫机构，并以书面形式办理“报检员证”注销手续的有（　　）。

A. 报检员提供虚假合同的　　B. 报检员不再从事报检业务的

C. 企业解聘报检员的　　D. 企业因故停止报检业务的

3. 广州某公司报检出口一批由湖北某生产企业生产的货物，货物经上海口岸报关出口，以下表述错误的有（　　）。

A. 该公司应在上海检验检疫机构办理自理报检单位备案登记手续

B. 生产企业须在湖北检验检疫机构办理自理报检单位备案登记手续

C. 该公司报检员应在湖北检验检疫机构办理报检员注册手续

D. 该公司应在湖北检验检疫机构办理该批货物报检手续

4. 以下关于代理报检单位权利和义务的描述，正确的有（　　）。

A. 报检时必须提交符合检验检疫机构要求的代理报检委托书

B. 有权要求检验检疫机构保守有关商业秘密

C. 有义务代表委托人缴纳检验检疫费

D. 可以授权他人以自己的名义从事代理报检业务

5. 下列表述正确的是（　　）。

A. 报检员资格证是经国家质检总局统一考试后对合格者颁发的证书，只有获得报检员资格证的人员，方可申请报检员的注册

B. 报检员资格证是取得“报检员证”必备的条件

C. 报检员应该具有高中或中等专业学校毕业以上的学历

D. 报检员证是表明报检员身份、办理报检业务的凭证

6. 自理报检单位的（　）发生变化时，应向检验检疫机构申请重新颁发“自理报检单位备案登记证明书”。

A. 企业性质　　B. 单位名称

C. 法定代表人　　D. 报检人员

三、判断题

1. 某报检员离开原属企业到另一家企业后，如果他继续从事报检工作，则他的报检员证继续有效。（　）

2. 报检员可以同时兼任两个或两个以上报检单位的报检工作。（　）

3. 未经注册登记的代理报检单位经特批后，可暂时向检验检疫机构办理代理报检业务。（　）

4. 代理报检单位在办理代理报检业务时，无须向检验检疫机构提供委托书。（　）

5. 自理报检单位的注册资金在人民币 150 万元以上。（　）

6. 检验检疫机构对报检员日常的报检行为实施差错登记管理制度。（　）

四、简答题

1. 报检员注册应递交哪些资料？

2. 简述代理报检单位的权利和义务。

3. 简述自理报检单位的范围。

4. 对外贸易商业性检验检疫有哪些内容？

五、案例分析题

1. 小张于 2012 年 11 月参加了全国自理报检员资格考试，2013 年 3 月获取了检验检疫机构颁布的报检员资格证。2013 年 5 月，小张拟应聘专门从事自行车出口的天津××进出口公司从事报检工作。

试分析：该公司有无资格报检？公司首次报检应办理哪些手续？小张应如何取得报检资格？

2. 近日，广东局通过在互联网上搜索发布买卖检验检疫证单信息的公司，采取“钓鱼”等方式主动出击，成功地查获了增城某制衣厂报检员骗取检验检疫单证案，涉案货值共计 1500 多万美元。2007 年 7 月底，广东局执法大队通过在互联网上搜索，发现广州市某公司的业务员陈某在互联网上以公司的名义发布买卖检验检疫证单的信息后，广东局调查人员采用“钓鱼”方式主动出击，经与陈某联络并购得出口服装“出境货物通关单”1 份。于 8 月初，根据初步掌握增城某制衣厂、广州某公司骗取以及买卖检验检疫单证的线索和部分证据，广东局执法大队正式对上述两家企业公司进行立案调查。在铁证面前和强大政策攻心下，广州市某公司业务员陈某和增城某制衣厂报检员陈某某对涉案违法犯罪事实供认不讳。经查，陈某和陈某某在其雇用公司企业不知情的情况下，从事买卖检验检

疫证单和不如实申报骗取检验检疫证单等违法犯罪活动，其中陈某买卖检验检疫单证大约100份，陈某某则以增城某制衣厂的名义不如实申报骗取检验检疫单证并将其倒卖共357份，非法所得约3.5万人民币，涉案货值共计1500多万美元。

试分析：买卖检验检疫证单为什么是非法的？公司应怎样杜绝非法买卖检验检疫证单的发生？

（资料来源：马诗琴主编：《外贸报检实务》，中国财政经济出版社2008年版，第27页。）

第二章
出入境检验检疫注册登记审批

学习目标

学习目标：

- □ 了解强制性产品认证的标志和管理
- □ 熟悉进出口食品、化妆品标签的审核内容
- □ 掌握出口食品和出口工业产品企业的卫生注册和分类管理

技能要求：

- □ 学习“中国国家强制性产品认证证书”后，能正确、完整、有效选择强制性产品认证标志

第一节
各类进出口商品标签的申请

一、进出口食品标签审核

（一）进出口食品标签审核的范围

1. 食品标签。是指预包装食品容器上的文字、图形、符号以及一切说明。为保证进出口食品安全卫生质量，国家质检总局对进出口食品实行食品标签管理制度。进出口食品标签必须事先审核，取得“进出口食品标签审核证书”。

2. 审核范围。进出口食品标签审核的范围包括进口预包装食品标签和出口预包装食品标签。由于食品标签将直接影响消费者的利益和健康，国家对出入境食品采取标签审核

制度，必须对标签所标示的内容、图形和符号等进行审核。当地的出入境检验检疫机构受理食品标签的申请，由国家质检总局主管全国进出口食品标签管理工作，并负责食品标签的审核、批准、发证等事项。国家质检总局指定的检验检疫机构负责食品标签的初审及检验工作。

相关链接

预包装食品是指经预先定量包装或者制作在包装材料和容器中的食品。市场上大部分带有包装的食品都属于预包装食品。2007 年 12 月中国卫生部发布《食品营养标签管理规范》，要求在中国境内销售的预包装食品标签上须标注营养成分。该规范于2008 年 5 月 1 日起强制执行。

（二）进出口食品标签审核

1. 进出口食品标签审核需提交的资料：

（1）进出口食品标签审核申请书（见表 2－1）；

（2）食品标签的设计说明及适合使用的证明材料；

（3）食品标签所标示内容的说明材料；

（4）进出口国（地区）对食品标签的有关规定；

（5）食品标签样张 6 套，如难以提供样张，可提供有效照片；

（6）经销商或代理商的营业执照；

（7）出口产品须提供出口产业卫生许可证。

上述材料须提供一式两份，并加盖申请单位公章。外文内容均需译成中文，进口食品标签必须为正式中文标签。如品种与工艺相同，规格或包装形式不同的，可合并提出食品标签审核的申请。

2. 进出口食品标签的审核程序。

（1）受理机构根据申请人提交的材料是否齐全、标签形式是否符合要求作出受理或不予受理的决定，并按规定出具书面凭证。受理同时，通知申请人将检测样品寄送中国检验检疫科学研究院进行符合性检验。

（2）受理申请后，受理机构按规定对标签及申请材料内容进行具体审查。受理机构为各地检验检疫机构的，审查结束后将审查意见和全部申请材料直接报送国家质检总局。

（3）中国检验检疫科学研究院在接到样品后进行符合性检验，并将检验结果报送国家质检总局。

（4）国家质检总局根据规定，对申请材料、审查意见和检测结果进行审核，作出准予许可或不予许可的决定。对准予许可的，于 10 个工作日内颁发“进出口食品标签审核证书”；不予许可的，书面说明理由，并通知申请人。

3. 进出口食品标签的审核期限。自受理之日起 20 个工作日内作出许可或不予许可的决定（现场考核评审时间不包括在内，由受理机构另行通知。受理机构应在 7 个工作日内将审查意见和全部材料报送国家质检总局）。检验时间为 21 个工作日，所需时间不计算在规定的 20 个工作日内。

表 2－1　　中华人民共和国国家质检总局进出口
食品标签审核申请书

申请书编号：　　　　（进口范本）

申请单位名称	北京兴兴食品有限公司				
地　址	北京市朝阳区光华路 18 号和桥大厦 33 室				
邮　编	100088	电 话	010—6000000	传 真	010—6100000
联系人	李晓冰	电 话	010—6000000	传 真	010—6100000
食品品牌/名称	可口牌速冻甜玉米粒				
生产厂商（名称及地址）	美国宾夕法尼亚州速冻食品厂				
经销单位	北京兴兴食品有限公司	商品条形码			
包装规格及材料	PE 塑料袋，500 克/袋				
原产国或地区	美国	销售国或地区	——		
需提供的材料					
编 号	材料名称		编 号	材料名称	
1	食品标签的样张七套，难以提供样张的，可提供有效照片，或扫描打印样张	√	2	出口企业卫生许可证	
3	产品生产商或经销商营业执照	√	4	如产品的配料为“纯天然”等，或产品为“高……”“低……”或涉及年份、酒龄、荣誉证明等特征性指标的，提供原产地有效说明材料	
5	该产品生产国（地区）的官方允许销售的证明或原产地证明	√			
注：1. 提供材料的划“√”，须加盖申请单位的公章；2. 外文内容须有中文译文；3. 材料要装订成册（两套）。					
备注					
本产品申请单位保证：本申请表中所申报的内容和所附资料均真实、准确、可靠、科学。如有不实之处，我单位愿承担法律责任及由此造成的一切后果。 申请单位代表签名（盖章）：　　日期：					受理人： 日　期：

4. 进出口食品标签的审核收费。国家质检总局要求各地检验检疫部门重视标签审核制度的调整，作好调整后的标签审核工作，妥善处理标签不合格货物，统一按检验检疫收费标准收费，不再收取标签审核费。

（三）进出口食品的标签检验

进出口食品的经营或其他代理人必须取得“进出口食品标签审核证书”，并持该证书方可报检。检验检疫机构对进出口食品实施检验时，应对食品标签进行检验，并根据食品标签检验结果综合评定该进出口食品是否合格。对食品标签检验的内容为：

1. 报检的食品标签是否与经审核的食品标签相符；

2. 食品标签标注内容是否与食品相符；

3. 核定进出口食品标签可否在销售国使用；

4. 进出口食品标签未经审核或检验不合格的，进口食品不准销售，出口食品不准出口。

二、进出口化妆品标签审核

（一）进出口化妆品标签审核的范围

化妆品标签审核是指对进出口化妆品标签中标示的反映化妆品卫生质量状况、功效、成分等内容的真实性、准确性进行符合性检验，并根据有关规定对标签格式、版面、文字说明、图形、符号等进行审核。国家对进出口化妆品实行标签审核制度，由国家质检总局主管，各地区的监督检验管理工作由当地出入境检验检疫机构负责。

（二）进出口化妆品标签审核

1. 进出口化妆品标签审核需提交的资料：

（1）进出口化妆品标签审核申请书（见表2-2）；

（2）主要列入我国《检验检疫商品目录》的化妆品；

（3）其他法律、法规规定的须由检验检疫机构实施检验的化妆品；

（4）产品配方；

（5）生产企业产品质量标准；

（6）产品在生产国（地区）允许销售的证明文件；

（7）化妆品标签样张6套，如难以提供样张的可提供有效照片；

（8）申请出口化妆品标签审核的，应提供进口国（地区）对化妆品标签的有关规定。

上述材料须提供一式两份，并加盖申请单位公章，外文内容均须翻译成中文。如成分、工艺相同，但规格和包装形式不同，或成分、工艺、规格、包装形式相同，但外观不同的，可合并提出化妆品标签审核的申请。

2. 进出口化妆品标签的审核程序。

（1）申请人向国家质检总局或当地检验检疫局提出申请并提交有关资料。

（2）受理机构根据申请人提交的材料是否齐全、标签形式是否符合要求作出受理或不予受理的决定，并按规定出具书面凭证。受理同时，通知申请人将检验样品寄送中国检验检疫科学研究院进行符合性检验。

（3）受理申请后，受理机构按规定对标签及申请材料内容进行具体审查。受理机构为各地检验检疫机构的，审查结束后将审查意见和全部申请材料报送国家质检总局。

（4）中国检验检疫科学研究院收到样品后进行符合性检验，并将检验结果报送国家质检总局。

（5）国家质检总局根据规定，对申请材料、审查意见及检验结果进行审核，作出准予许可或不予许可的决定。对准予许可的，于10个工作日内颁发“进出口化妆品标签审核证书”；不予许可的，书面说明理由，并书面通知申请人。

表 2－2　　　　　中华人民共和国国家质检总局进出口
化妆品标签审核申请书

申请书编号：

申请单位名称					
地　址					
邮　编		电 话		传 真	
联系人		电 话		传 真	
化妆品品牌/名称	（中文）				
	（ENGLISH）				
经销单位/地址					
包装规格及材料		商品条形码			
原产国或地区		进口国或地区			
需提供的材料					
编 号	材料名称		编 号	材料名称	
1	产品成分表		4	出口企业产品许可证	
2	标签所标注内容的说明材料		5	进口产品经销商或代理商营业执照	
3	该产品生产国（地区）的官方允许销售的证明或原产地证明		6	标签样张 6 张	
注：（1）提供材料的划“√”，须加盖申请单位的公章；（2）外文内容须有中文译文；（3）材料要装订成册（两套）；（4）出口产品提供符合销售国化妆品标签的证明材料。					
备注					
本产品申请单位保证：本申请表中所申报的内容和所附资料均真实、准确、可靠、科学。如有不实之处，我单位愿承担法律责任及由此造成的一切后果。 申请单位代表签名（盖章）：　　日期：					受理人： 日　期：
——受理机构在本申请书上明确标注日期和盖章后证明其正式受理申请。在申请受理之日起 7 个工作日内完成审查，并上报国家质检总局审核。 ——申请材料不齐全和不符合要求的应当场告知，或在 5 个工作日内一次告知申请人须补正的全部内容，逾期不告知的，自收到申请材料之日起即为受理。 ——申请人将未启封的、距限期使用日期不少于一年半的、有中文标签的检验样品寄送中国检验检疫科学研究院化妆品部。地址：北京市朝阳区高碑店北路甲 3 号，邮编：100025。 ——申请单位缴纳标签审核费 300 元人民币。申请单位将标签审核费汇至指定的财政专户。 ——查询网址：www. aqsip. gov. cn；查询电话：					

3. 进出口化妆品标签的审核期限。自受理之日起 20 个工作日内作出许可或不予许可

的决定（现场考核评审时间不包括在内，由受理机构另行通知。受理机构应在 7 个工作日内将审核意见和全部材料报送国家质检总局）。检验时间为 28 个工作日，所需时间不计算在规定的 20 个工作日内。

（三）进出口化妆品的标签检验

进出口化妆品的经营者或其代理人必须取得“进出口化妆品标签审核证书”，并持该证书方可报检。检验检疫机构对进出口化妆品实施检验时，应对化妆品标签进行检验，并根据化妆品标签检验结果综合评定该进出口化妆品是否合格。对化妆品标签检验的内容为：

1. 报检的化妆品标签是否与经审核的化妆品标签相符；

2. 化妆品标签标注内容是否与化妆品相符；

3. 核定进出口化妆品标签可否在销售国使用；

4. 进出口化妆品标签未经审核或检验不合格，进口化妆品不准销售，出口化妆品不准出口。

第二节 强制性产品认证的申请

强制性产品认证，是各国政府为保护人类健康和安全、保护动植物的生命和健康、保护环境、维护国家安全，依照法律法规规定实施的一项产品合格评定制度。强制性产品认证由国家认证认可监督管理委员会指定的认证机构具体办理并对认证结果负责。地方质检部门对列入强制性认证目录内的产品实施监督管理。生产者、销售者和进口商以及经营服务场所的使用者对生产、销售、进口、使用的产品负责。

一、强制性产品认证的申请

1.《检验检疫商品目录》中产品的生产者、销售者和进口商可以作为申请人，向指定认证机构提出《检验检疫商品目录》中产品认证申请；申请人也可以委托经国家认证认可监督管理委员会注册的强制性产品认证代理申请机构代为申请。

2. 强制性产品认证申请应提供的文件：

（1）申请人的证明文件；

（2）总装图、电气原理图、线路图；

（3）关键元器件和/或主要原材料清单；

（4）其他申请人需要说明的文件；

（5）申请人为销售者、进口商时，应当向指定认证机构同时提交销售者和生产者或者进口商和生产者订立的相关合同副本；

（6）申请人委托他人申请《检验检疫商品目录》中产品的，应当与受委托人订立认证、检测、检查和跟踪检查等事项的合同，受委托人应当同时向指定认证机构提交委托书、委托合同的副本和其他相关合同的副本；

（7）具体产品需要提交的技术文件可参见该产品的《强制性产品认证实施规则》的要求。

3. 指定认证机构负责受理申请人的认证申请后，应当在自受理申请人认证申请的90日内，作出认证决定并通知申请人，为获得认证的产品颁发“中国国家强制性产品认证证书”。

二、强制性产品认证模式与程序

（一）认证模式

强制性产品认证模式，依据产品的性能，对人体健康、环境保护和公共安全等方面可能产生的危害程度，产品的生命周期特性等综合因素，按照科学、便利、有效等原则予以确定。强制性产品认证适用以下单一的认证模式或者若干认证模式的组合：

1. 设计鉴定；
2. 型式试验；
3. 制造现场抽取样品检测或者检查；
4. 市场抽样检测或者检查；
5. 企业质量保证体系审核；
6. 获得认证的后续跟踪检查等。

（二）认证程序

《中华人民共和国实施强制性产品认证的产品目录》（以下简称《强制认证产品目录》）中产品认证的程序包括以下全部或者部分环节：

1. 认证申请和受理；
2. 型式试验；
3. 工厂审查；
4. 抽样检测；
5. 认证结果评价和批准；
6. 获得认证后的监督。

三、强制性产品的认证标志

1. 强制性产品认证标志名称为“中国强制认证”（China Compulsory Certification，CCC），简称“3C”标志。标志图案和种类如图2－1所示。

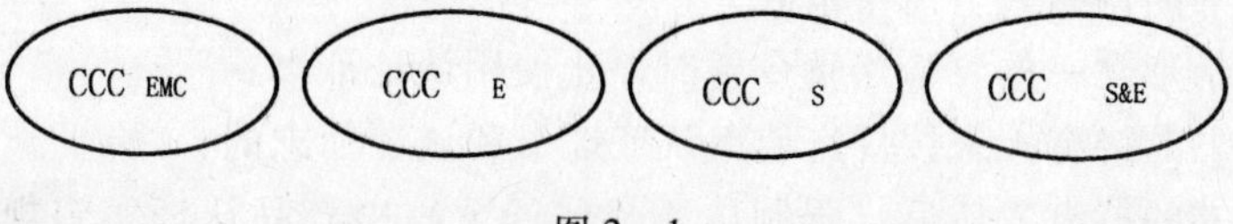

图2－1

相关链接

强制性产品认证标志

强制性产品认证标志由基本图案、认证种类标注组成。基本图案是椭圆形，图案中间印有三个黑色“C”字，“C”字按顺序排列。在黑色图案右边印刷认证种类标注，它由代表认证种类的英文单词的缩写字母组成。其中“S”代表安全，“S&E”代表安全和电磁兼容，“EMC”代表电磁兼容，“E”代表消防。

2. 认证证书的持有人应当按照认证标志管理规定的要求使用该认证标志。

3. 强制性产品认证的产品，不但需要取得认证证书，还必须在认证产品上施加 CCC 标准规格标志或者经批准使用的 CCC 标志样式，其产品方可出厂、销售或进口，二者缺一不可。CCC 认证标志是强制性产品认证的产品准许出厂、销售或进口和使用的证明标记。

4. 申请自行印刷/模压 CCC 标志的，认证证书持有人须向 CCC 标志发放管理中心提供：（1）认证证书复印件；（2）填制“印刷/模压申请书”并加盖公章；（3）4 份名牌样品，没有名牌样品的，需提供两份设计图纸；（4）自行印刷/模压 CCC 标志，在标志的下方标明工厂标码（下方无法印刷/模压工厂代码的，可放 CCC 标志的附近）或证书编码。

5. 购买 CCC 标志，需要强制性产品认证证书持有人持认证证书复印件，填制购买标志申请书并加盖公章，向 CCC 标志发放管理中心提出申请，经核准后方可购买。

6. CCC 认证标志名称为“中国强制认证”，不是强制性产品认证的产品，不可以申请购买 CCC 标志。

7. “购买标志申请书”可在认监委网站下载，认监委网号是 www. cnca. gov. cn；在 CCC 标志发放管理中心现场购买的，也可以直接向该中心索取。

四、监督管理

1. 国家认证认可监督管理委员会指定的认证机构，按照具体产品认证实施规则的规定，对其颁发认证证书的产品及其生产厂（场）实施跟踪检查。

2. 对有下列情形之一的，应当注销认证证书：

（1）《强制认证产品目录》中产品认证适用的国家标准、技术规则或者认证实施规则变更，认证证书的持有人不能满足上述变更要求的；

（2）认证证书超过有效期，认证证书的持有人未申请延期使用的；

（3）获得认证的产品不再生产的；

（4）认证证书的持有人申请注销的。

3. 对有下列情形之一的，应当责令暂时停止使用认证证书：

（1）认证证书的持有人未按规定使用认证证书和认证标志的；

（2）认证证书的持有人违反《强制认证产品目录》中产品认证实施规则要求和指定的认证机构要求的；

（3）监督结果证明产品不符合《强制认证产品目录》中产品认证实施规则要求，但是不需要立即撤销认证证书的。

4. 对有下列情形之一的，应当撤销认证证书：

（1）在认证证书暂停使用的期限内，认证证书的持有人未采取纠正措施的；

（2）监督结果证明产品出现严重缺陷的；

（3）获得认证的产品因出现严重缺陷而导致重大质量事故的。

5. 申请人和认证证书持有人对指定认证机构的认证决定有异议的，可以向作出认证决定的认证机构提出投诉、申诉，对认证机构处理结果仍有异议的，可以向国家认证认可监督管理委员会申诉。

第三节 出境货物许可证的申请

一、出口商品质量许可证的申请

（一）适用范围

出口商品实行出口商品质量许可证管理的主要有：机械产品、电子产品、纺织机械产品、玩具（另见规定）、医疗器械产品、煤炭、焦炭、冶金轧辊等。为避免重复管理，对实施强制性产品认证制度的产品，不再实施出口商品质量许可证制度。

（二）申请程序

1. 出口商品生产加工单位应在当地向检验检疫机构进行登记，申请质量许可证，领取并填写“出口商品质量许可证申请书”。

2. 检验检疫机构接到质量许可证的申请书及所要求的有关资料后，对申请材料内容进行具体审查，由实验室对产品进行型式试验，评审组对工厂质量保证体系进行现场评审。

3. 检验检疫机构根据规定，对申请材料、型式试验报告和评审结果，作出准予许可或不准予许可的决定。准予许可的，于10个工作日内颁发出口商品质量许可证书；不准予许可的，书面说明理由。

（三）监督管理

质量许可证的有效期一般为3～5年。在有效期内，出入境检验检疫机构对获证单位实行日常的检查监督。对不符合要求的予以吊销质量许可证。质量许可证被出入境检验检疫机构吊销半年后，方可重新办理申请手续。在质量许可证的有效期满前半年内，获证单位应申请办理下一有效期的接转手续。考核工作中的所需费用，由申请单位负担。

二、出口商品运输包装容器质量许可证的申请

（一）适用范围

出入境检验检疫机构根据国家法律、法规规定，对出口商品运输包装容器生产企业实行质量许可证制度。出口商品运输包装容器主要包括：常规危险货物包装容器、中型散装容器、便携式罐体、大包装，以及25升以下的小型气体压力容器如喷雾罐、打火机、点火枪等。

（二）申请程序

1. 出口商品的运输包装容器的生产单位申请质量许可证，须向当地检验检疫机构登记，领取并填报出口商品的运输包装质量许可证申请表，向当地检验检疫机构办理申请。

2. 检验检疫机构对申请单位进行考核，经考核合格后，颁发质量许可证，并将获证单位报国家质检总局备案。经考核未取得质量许可证的运输包装容器生产企业，经改进后质量稳定在3个月以上者，可重新申请考核。

（三）监督管理

1. 质量许可证有效期为3年，出口商品的运输包装容器的生产单位如继续生产该产品时，需在质量许可证有效期满前6个月内重新提出申请，经出入境检验检疫机构考核合格，颁发质量许可证。

2. 出入境检验检疫机构对质量许可证有效期内的运输包装容器生产单位，检验累计批次合格率低于规定的或出现因运输包装质量造成索赔两次以上者，吊销其质量许可证。

第四节

出口食品生产企业卫生注册登记

当前世界各国特别是发达国家对食品卫生的要求越来越高，许多国家由政府颁布法令制定了种种设限条件，甚至成为各国实行非关税壁垒的一种手段。根据我国《食品安全法》和《中华人民共和国出口商品卫生管理办法》规定，凡生产出口食品的厂、库经注册登记取得注册证书和批准编号，方准其加工生产出口食品，以保证出口食品的卫生质量。国家质检总局是国家授权的依法对出口食品卫生注册工作进行监督管理的主管机关，各地检验检疫机关负责所辖地区的出口食品卫生注册登记工作。

一、出口食品卫生注册范围

出入境检验检疫机关实施卫生注册管理的范围是《检验检疫商品目录》内的出口肉类、罐头、水产品、蛋制品、乳制品、速冻蔬菜、脱水蔬菜、饮料、茶叶、酒、糖、蜂

蜜、花生制品、面制品、果干果脯、食用植物油等。生产加工上述货物的生产企业、加工厂、库，按照《出口食品厂、库注册细则》的规定，必须向所在地出入境检验检疫机关办理注册申请。上述食品以外的其他出口食品厂、库实行登记管理（见表2－3）。

表2－3　注册产品目录

分类号	产品类别	分类号	产品类别
Z01	罐头类	Z11	饮料类（包括固体饮料）
Z02	水产品类（不包括活品和晾晒品）	Z12	酒类
Z03	肉及肉制品	Z13	花生、干果、坚果制品类（不包括炒制品）
Z04	茶叶类	Z14	果脯类
Z05	肠衣类	Z15	粮食制品及面、糖制品类
Z06	蜂产品类（不包括蜂蜡）	Z16	粮食油脂类
Z07	蛋制品类（不包括鲜蛋）	Z17	调味品类（不包括天然的香辛干料及粉料）
Z08	速冻果蔬类、水果蔬类（不包括晾晒品）	Z18	速冻方便食品类
Z09	糖类（指蔗糖、甜菜糖）	Z19	功能食品类
Z10	乳及乳制品类	Z20	食品添加剂类（专指食用明胶）

二、考核

检验检疫机构接到出口食品厂、库国内食品卫生注册申请后，派出食品卫生检验人员进行严格考核，经考核符合规定的才能核发卫生注册证书和批准编号。对需向国外注册的，检验检疫机构派员进行初审后，符合有关食品进口国家卫生当局兽医卫生规定的，报国家质检总局统一办理对外注册。对出口食品生产厂（库）的考核标准主要是国家质检总局制定的《出口食品厂、库的最低卫生要求》规定的条件：一是厂、库环境卫生标准；二是厂、库设施的卫生标准；三是原料、辅料卫生标准；四是加工人员卫生标准；五是加工卫生标准；六是包装、储运卫生标准；七是卫生检验管理标准。除严格考核标准外，企业应积极推行 HACCP 管理法。

向国外有关进口国家注册的食品加工厂、库，除了按照国内食品卫生注册考核标准进行检查外，还要按照有关国家的卫生条件标准考核。不同国家对不同产品的加工注册者有最低卫生要求。

三、程序与管理

向国内注册的出口食品生产厂、库申请注册时，应填写注册申请书，并报经所属省、市生产主管部门审查同意后，向检验检疫机构提出申请。出入境检验检疫机构接到注册申请后，派出由兽医、食品卫生检验人员及其他主管人员组成的考核小组到厂、库进行实地检查。经检查符合《出口食品生产厂、库最低卫生要求》的，报经国家质检总局核发卫生注册证书和批准注册号。已取得国内出口食品卫生注册的，注册有效期限为两年。已取得注册证书或注册编号的食品厂、库应接受出入境检验检疫机关的监督管理。在此期间，经检查发现不符合《出口食品生产厂、库最低卫生要求》时，报经国家质检总局批准后，吊销注册证书和注册编号。

相关链接

HACCP

HACCP 是危害分析关键控制点（Hazard Analysis Critical Control Point）的英文简称。它作为一种科学的、系统的方法，应用在从初级生产至最终消费过程中，通过对特定危害及其控制措施进行确定和评价，从而确保食品的安全。

HACCP 在国际上被认为是控制由食品引起疾病的最经济的方法，并就此获得 FAO/WHO 食品法典委员会（CAC）的认同。它强调企业本身的作用，与一般传统的监督方法相比较，其重点在于预防而不是依赖于对最终产品的测试，它具有较高的经济效益和社会效益。被国际权威机构认可为控制由食品引起的疾病最有效的方法。HACCP 主要包括七个基本原理：

原理一：进行危害分析。

原理二：确定各关键控制点。

原理三：制定关键限值。

原理四：建立一个系统以监测关键控制点的控制情况。

原理五：在监测结果表明某特定关键控制点失控时，确定应采取的纠正行动。

原理六：建立认证程序以证实 HACCP 系统在有效地运行。

原理七：建立有关以上原则和应用方面各项程序和记录的档案。

（资料来源：《中国 HACCP 应用发展报告白皮书》。）

向国外注册的，首先要取得国家质检总局核发的卫生注册证书和批准编号，方有资格申请国外注册。申请国外注册的程序是填写国外注册申请书，经所属省、市出口经营部门按照有关食品进口国卫生管理当局的兽医、卫生规定审查同意后，向出入境检验检疫机关提出申请。接到向国外注册申请书后，出入境检验检疫机关派出兽医、卫生检验人员及其主管人员组成考核小组进行初审，符合规定的报国家质检总局统一对外办理注册。已取得国外注册的，经检验检疫机构检查发现不符合注册卫生管理当局兽医、卫生规定的，报经国家质检总局批准，暂停对注册国出口相关产品。

四、出口食品生产企业卫生注册登记工作流程

出口食品生产企业卫生注册登记工作流程如图 2－2 所示。

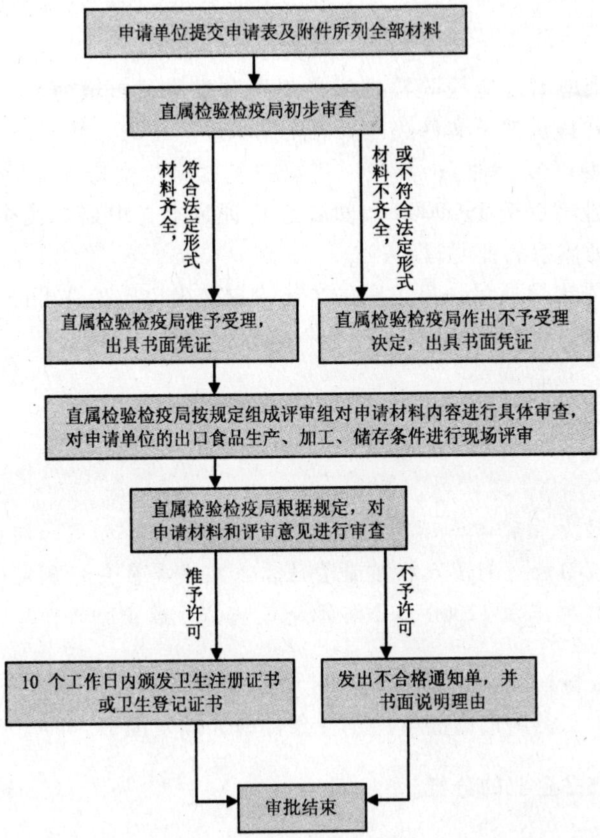

图 2－2　出口食品生产企业卫生注册登记工作流程图

第五节

出口工业产品企业分类管理

凡列入《检验检疫机构实施检验检疫的进出境商品目录》和其他法律、行政法规规定的须经检验检疫机构检验的出口商品的生产企业，均可实行分类管理。根据生产企业的质量管理水平、质量保证能力及检验检疫机构平均检验合格率等情况，将出口商品生产企业分为三类。对一、二类生产企业生产的出口商品采取抽查检验。一类企业，抽查批次不大于申请报验总批次的 30%；二类企业，抽查批次不大于申请报验总批次的 50%；三类企业实行批批检验。对于需出具检疫证书的出口商品，不按分类管理的方式进行检验。涉及安全卫生的出口商品生产企业的管理办法另行规定。

一、申请程序

申请企业应向当地出入境检验检疫机构提出分类申请，填写“出口商品生产企业分类申请表”一份，并提供如下文件：

1. 企业营业执照（复印件）；
2. 申请一类企业需提交 ISO9000 质量体系认证证书，申请二类企业需提交能够证明其具有完善质量保证体系的证明材料；
3. 商品属于实施出口质量许可范围的，还应提交出口质量许可证（复印件）；
4. 出口商品适用标准目录；
5. 关键检测仪器设备清单；
6. 其他有关资料。

相关链接

ISO9000 是指质量管理体系标准，它不是指一个标准，而是一组标准。

ISO9000 是由 TC176（TC176 指质量管理体系技术委员会）制定的所有国际标准。

ISO9000 是 ISO 发布之 12000 多个标准中最畅销、最普遍的产品。

出入境检验检疫机构受理申请后，对申请企业进行书面审核，必要时可进行现场核查。经审核符合一、二类出口商品生产企业条件的，颁发证书。

二、出口工业产品企业的分类

检验检疫机构对出口工业产品的生产企业按照一类企业、二类企业、三类企业三种类别进行分类并实施检验监督管理。对实施分类管理的出口工业产品生产企业的产品，检验检疫机构按照不同类别实施抽批检验或者批批检验。一类企业的年批次抽检率为 5% ~ 15%；二类企业的年批次抽检率为 30% ~ 45%；三类企业的年批次抽检率为 60% ~ 100%。

（一）一类企业应当具备的条件

1. 严格遵守《商检法》及其《实施条例》以及国家质检总局的相关规定；
2. 具有健全的质量管理体系，获得 ISO9000 质量体系认证或者具备相应的质量保证能力，且运行有效；
3. 国家实施质量许可制度和强制性产品认证制度的出口产品，必须获得相应的证明文件；
4. 产品质量稳定，出口商品形成一定规模；
5. 产品安全质量、卫生、环保项目抽查测试达到国家有关规定，按照国家质检总局规定每年必须由指定的实验室进行安全质量型式试验的出口产品，其型式试验结果必须合格；
6. 生产企业建立出口检验的有关制度，设立检验机构，并有完善的检验设施以及经检验检疫机构培训合格并予以备案的检验人员；
7. 检验检疫机构实施检验的年批次检验合格率不低于 98%；

8. 产品质量信誉良好，企业诚信度高，两年内未发生由于产品质量责任方面的退货、索赔或者其他事故等。

（二）二类企业应当具备的条件

1. 严格遵守《商检法》及其《实施条例》以及国家质检总局的相关规定；

2. 具备较健全的质量体系，且运行正常；

3. 国家实施质量许可制度和强制性产品认证制度的出口产品，必须获得相应的证明文件；

4. 出口商品已有一定规模；

5. 产品安全质量、卫生、环保项目抽查测试达到国家有关规定，按照国家质检总局规定每年必须由指定的实验室进行一次安全质量型式试验的出口产品，其型式试验结果必须合格；

6. 生产企业检验设施基本齐全，有经检验检疫机构培训合格并予以备案的检验人员；

7. 检验检疫机构实施检验的年批次检验合格率不低于95%；

8. 产品质量信誉良好，一年内未发生由于产品质量责任方面的退货、索赔或者其他事故等。

未列入一、二类分类管理的出口工业产品生产企业，以及出口不满一年的出口工业产品生产企业归为三类企业。同一生产企业的不同品种、不同工艺要求的出口产品，根据其生产条件和产品质量的差异，可采取不同类别的管理。

三、出口工业产品企业分类管理工作流程

出口工业产品企业分类管理工作流程如图2－3所示。

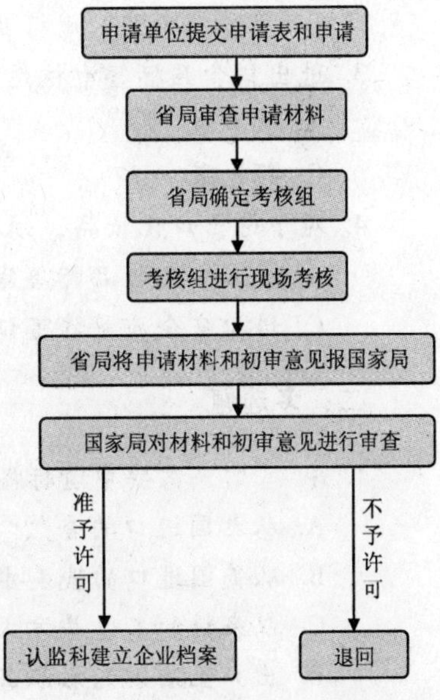

图2－3 出口工业产品企业分类管理工作流程图

四、监督管理

近年来，我国对分类管理企业依据企业分类类别实施相应的检验监管措施，即对不同管理类别的企业采取不同的报检方式、不同的检验监管方式、不同的抽检比例等。

（一）企业分类的动态管理

受理分类管理的出入境检验检疫机构负责日常监督管理工作。对一、二类企业分类实施动态管理，并遵循下列原则对分类管理企业进行企业分类类别的转换：

1. 对检验检疫机构年检合格率未达到规定要求的企业下调一级；发生被国家总局通报的质量事故的一、二类管理企业，应将企业分类管理类别直接降为三类管理企业。

2. 对企业监督检查发现企业质量管理体系不符合《出口工业产品企业分类管理审核质量要素要求》规定的相应企业类别要求，应将企业分类管理类别下调一级。

3. 对备案检验员在检验中弄虚作假的或有其他违反法律法规行为的企业，根据情节轻重将企业分类管理类别下调一至二级。

4. 分类管理类别降级的企业，六个月后方可提交企业分类升级的申请。

（二）企业分类有效期

出口工业产品企业分类有效期为三年，自检验检疫机构公布之日起计算。企业应在分类有效期满三个月前向企业所在地检验检疫分支机构提出分类管理的复申请，重新填写“申请书”，并按申请要求提交企业最新有效版本的申请材料。

[复习思考题]

一、单选题

1. 我国对涉及人类健康和安全、动植物生命和健康以及环境保护和公共安全的产品实行强制性认证制度，认证标志是（　　），其名称是（　　）。

A. CCIB，中国强制认证　　B. CCIB，中国安全认证

C. CCC，中国强制认证　　D. CCC，中国安全认证

2. 属于下列（　　）情况，不可以合并提出化妆品标签审核申请。

A. 成分相同，工艺、规格不同的

B. 成分、工艺相同，规格不同的

C. 成分、工艺相同，包装形式不同的

D. 成分、工艺、规格及包装形式相同，外观不同的

3. 进出口食品标签审核适用于对进出口（　　）食品标签的审核。

A. 内包装　　B. 外包装

C. 预包装　　D. 固定包装

4. 对于进出口化妆品，须提供（　　），方可受理报检。

A. 进出口化妆品标签审核证书　　B. 进口卫生许可证

C. 进口安全质量许可证　　D. 进口环保批准保证

二、多选题

1. （　　），需要申请标签检验。

A. 从泰国进口的香蕉

B. 从美国进口的洗发水

C. 以来料加工贸易方式出口至香港的袋装烤鱼片

D. 出口至法国的纺织品

2. 属于（　　）情况，可以合并提出化妆品标签审核申请。

A. 成分相同，工艺、规格不同的

B. 成分、工艺相同，规格不同的

C. 成分、工艺相同，包装形式不同的

D. 成分、工艺、规格及包装形式相同，外观不同的

3. 需要办理《出口商品质量许可证》的出口商品主要有（　　）等。

A. 机械产品　　B. 陶瓷产品　　C. 食品　　D. 煤炭

4. 强制性产品的认证是国家对涉及（　　）的产品实行必须认证的一种制度。

A. 人类健康和安全　　B. 动植物生命和健康

C. 动植物与卫生检疫疫区　　D. 环境保护和公共安全

5. 检验检疫机构对出口食品企业监督管理有（　　）三种形式。

A. 过程监督管理　　B. 日常监督管理

C. 换证复查　　D. 定期监督检查

6. 需要办理《出口商品运输包装容器质量许可证》的运输包装容器包括（　　）。

A. 常规危险货物包装容器　　B. 喷雾罐、打火机、点火枪

C. 中型散装容器　　D. 便携式罐体

三、判断题

1. 办理进口化妆品报检，报检时必须提供“进出口化妆品标签审核证书”或“标签审核受理证明”。（　　）

2. 出口预包装食品的经营者或其代理人在出口食品前，应当向指定的检验检疫机构提出食品标签审核申请。（　　）

3. 检验检疫机构对外商独资企业进口的医疗器械不进行强制性认证。（　　）

4. 国家质检总局是国家授权的依法对出口食品卫生注册工作进行监督管理的主管机关，各地检验检疫机关负责所辖地区的出口食品卫生注册登记工作。（　　）

5. 国家检验检疫总局是受理分类管理的出入境检验检疫机构。（　　）

6. 经审核符合要求的进出口食品标签，由国家颁发“进出口食品标签审核证书”。（　　）

四、简答题

1. 进出口食品标签审核的范围有哪些？

2. 简述进出口化妆品标签检验的内容。

3. 简述出口食品卫生注册范围。

4. 简述出口工业产品企业分类的动态管理。

五、案例分析题

2008 年 4 月，河南某公司出口一批芦笋罐头，由于合同规定该批货物应于 5 月 1 日前装运，公司备好货物已是 4 月 25 日，为不耽误船期，该公司直接将货物运至出口口岸青岛，并于 4 月 28 日持合同、发票、装箱单、包装性能检验结果单、卫生注册证书副本等单据向青岛出入境检验检疫局办理有关报检手续，但是青岛出入境检验检疫局不予受理。请思考，该公司在办理有关业务过程中，哪些做法与检验检疫有关法律法规或规定不符？

（资料来源：洪雷编著：《出入境检验检疫报检实用教程》，格致出版社 2009 年版，第 226 页。）

第三章
申　请　报　检

学习目标

学习目标：

- □ 了解报检前相关单据
- □ 掌握中国出入境报检的申请及报检单的填制

技能要求：

- □ 学会填制出入境报检单
- □ 能够处理相关的报检事务

第一节
报检前相关单据的准备

对外经济贸易关系人在向商检机构报检时，应按照商检机构的要求，真实、准确地填写申请单并签名盖章。它是关系人报请商检机构检验的正式文件，也是商检机构进行检验的一种原始凭证。一般对于不同合同、不同发票、不同提单或装运单的商品应分别填写申请单。报检时除了提交申请单外，还应提供各种单证。相关单据指合同、发票、装箱单、提单、委托书、国外证书、有关许可证或审批文件等。

一、对外贸易合同

对外贸易合同是国内工贸公司对外签订的一种贸易合同。

1. 约首包括：名称、合同编号；签约日期；签约地点；双方名称、地址、联系电话。
2. 本文包括：

• 交易商品名称；
• 品质条款：确定品质的方法和标准；确认品质的时间、地点，品质公差条款等；
• 数量条款：确定的单位，交付约定数量的地点和时间，重量的计算，溢短装条款；
• 价格条款：价格术语，使用币种，佣金，折扣等；
• 包装条款：内包装，外包装，填塞物，包装尺寸，重量和唛头等；
• 保险条款：投保人，险别，保险金额，理赔地点等；
• 交货条款：装运交货地点、时间、方式，装运通知等；
• 支付条款：支付时间、条件、币种，以及延期和拒付的规定；
• 检验条款：检验的地点，标准，机构等；
• 索赔条款：索赔期限，证明文件等；
• 仲裁条款：仲裁地点，适用仲裁程序规则，仲裁机构等；
• 不可抗拒条款：不可抗力事故范围，通知的时间和方式，证明文件，报告以及单据，负责条款等；
• 违约和取消合约条款：违约的处理，赔偿金额等；
• 适用法律；
• 其他条款。

3. 约尾部分：双方签字；生效日期。

二、商业发票（COMMERCIAL INVOICE）

商业发票是出口方向进口方开列发货价目清单，是买卖双方记账的依据，也是进出口报关交税的总说明。商业发票是一笔业务的全面反映，内容包括商品的名称、规格、价格、数量、金额、包装等，同时也是进口商办理进口报关不可缺少的文件，因此商业发票是全套出口单据的核心，在单据制作过程中，其余单据均需参照商业发票缮制。

（一）商业发票的内容

• 商业发票须载明“发票”（INVOICE）字样；
• 发票编号和签发日期；
• 合同或订单号码（CONTRACT NUMBER OR ORDER NUMBER）；
• 收货人名址（CONSIGNEE’S NAME AND ADDRESS）；
• 出口商名址（EXPORTER’S NAME AND ADDRESS）；
• 装运工具及起讫地点（MEANS OF TRANSPORT AND ROUTE）；
• 商品名称、规格、数量、重量（毛重、净重）等（COMMODITY，SPECIFICATIONS，QUANTITY，GROSS WEIGHT，NET WEIGHT，ETC.）；
• 包装及尺码（PACKING AND MEASUREMENT）；
• 唛头及件数（MARKS AND NUMBERS）；
• 价格及价格条件（UNIT PRICE AND PRICE TERM）；
• 总金额（TOTAL AMOUNT）；
• 出票人签字（SIGNATURE OF MAKER）等。

在信用证支付方式下，发票的内容要求应与信用证规定条款相符，还应列明信用证的开证行名称和信用证号码。在有佣金折扣的交易中，还应在发票的总值中列明扣除佣金或折扣的若干百分比。发票须有出口商正式签字方为有效。

（二）商业发票的作用

1. 可供进口商了解和掌握装运货物的全面情况。发票是一笔交易的全面叙述，详细列明了该装运货物的货物名称、商品规格、装运数量、价格条款、商品单价、商品总值等情况，为进口商提供识别该批货物属于哪一批订单项下的。进口商可以依据出口商提供的发票，核对签订合同的项目，了解和掌握合同的履约情况，进行验收。

2. 作为进口商记账、进口报关、海关统计和报关纳税的依据。发票是销售货物的凭证，对进口商来说，需要根据发票逐笔登记记账，按时结算货款。同时进口商在清关时需要向当地海关当局递交出口商发票，海关凭以核算税金，并作为验关放行和统计的凭证之一。

3. 作为出口商记账、出口报关、海关统计和报关纳税的依据。出口商凭发票的内容，逐笔登记入账。在货物装运前，出口商需要向海关递交商业发票，海关凭以核算税金，并作为验关放行和统计的凭证之一。

4. 在不用汇票的情况下，发票可以代替汇票作为付款依据。在即期付款不出具汇票的情况下，发票可作为买方支付货款的根据，替代汇票进行核算。光票付款的方式下，因为没有货运单据跟随，也经常跟随发票，商业发票起着证实装运货物和交易情况的作用。

5. 一旦发生保险索赔时，发票可以作为货物价值的证明等。

三、运输单据

（一）运输单据的种类

1. 海运提单（Ocean Bill of Lading）。提单是承运人或其代理人收到货物后，签发给托运人的一种单证。提单是承运人或其代理人签发的货物收据，是货物所有权的凭证，是运输契约或其证明。

2. 海运单（Sea Waybill）。海运单的形式与作用同海运提单相似，其主要特点在于收货人已明确指定。收货人并不需要提交正本单据，仅需证明自己是海运单载明的收货人即可提取货物。因此，海运单实质上是不可以转让的，其应用范围比较窄，主要用于跨国公司成员之间的货物运输。

3. 铁路运单（Railway Bill）。铁路运单是由铁路运输承运人签发的货运单据。它是收、发货人同铁路之间的运输契约。其正本在签发后与货物同行，副本签发给托运人用于贸易双方结算货款。在货物发生损失时，还可以用于向铁路进行索赔。

4. 空运单（Air Waybill）。空运单是由空运承运人或其代理人签发的货运单据。它是承运人收到货物的收据，也是托运人同承运人之间的运输契约，但不具有物权凭证的性质，因此空运单也是不可以转让的。

5. 装船通知（Shipping Advice）。货物离开起运地后，由出口商发送给进口商通知后者一定数量的货物已经起运的通知文件。在 FOB 或 CFR 条件下，进口商需要根据装船通知来为进口货物办理保险，因此一般要求出口商在货物离开起运地后两个工作日内向进口商发出装船通知。

6. 提货单（Delivery Order）。进口商（收货人）在货物到达目的地后，凭海运提单等运输单据向承运人的代理人换取的提货凭证，用于办理进口报关、提货等手续。

（二）海运提单的主要内容

我国《海商法》第七十三条规定，提单正面应记载以下各项：货物的品名、标志、包数或者件数、重量或者体积以及运输危险货物时对危险性质的说明；承运人的名称和主要营业场所；船舶名称；托运人的名称；收货人的名称；装货港和在装货港接受货物的日期；卸货港；多式联运提单增列接收货物地点和交付货物地点；提单的签发日期、地点和份数；运费的支付；承运人或者其代表。

我国《海商法》第七十三条还同时规定，提单缺少本款规定的一项或者几项的，不影响提单的性质。提单正面记载的事项，在法律上具有初步证据。

四、保险单据

保险单据（INSURANCE DOCUMENTS）既是保险公司对被保险人的承保证明，也是双方权利和义务的契约。在被保货物遭受损失时，保险单是被保险人索赔的主要依据，也是保险公司理赔的主要根据。

（一）保险单据的种类

1. 保险单（INSURANCE POLICY）。俗称“大保单”，是一种正规的保险合同，除载明被保险人（投保人）的名称、被保险货物（标的物）的名称、数量或重量、唛头、运输工具、保险的起讫地点、承保险别、保险金额、出单日期等项目外，还在保险单的背面列有保险人的责任范围，以及保险人与被保险人各自的权利、义务等方面的详细条款，它是最完整的保险单据。保险单可由被保险人背书，随物权的转移而转让，它是一份独立的保险单据。

2. 保险凭证（INSURANCE CERTIFICATE）。俗称“小保单”，它有保险单正面的基本内容，但没有保险单反面的保险条款，是一种简化的保险合同。

3. 联合保险凭证（COMBINED INSURANCE CERTIFICATE）。俗称“承保证明”（RISK NOTE），它是我国保险公司特别使用的一种更为简化的保险单据，由保险公司在出口公司提交的发票上加上保险编号、承保险别、保险金额、装载船只、开船日期等，并加盖保险公司印章，这种单据不能转让。

4. 预约保险单（OPEN POLICY/OPEN CONER）。它是一种长期性的货物保险合同。预约保险单上载明保险货物的范围、险别、保险费率、每批运输货物的最高保险金额以及保险费的结付、赔款处理等项目，凡属于此保险单范围内的进出口货物，一经起运，即自动按保险单所列条件承保。但被保险人在获悉每批保险货物起运时，应立即将货物装船详细情况包括货物名称、数量、保险金额、运输工具种类和名称、航程起讫地点、开船日期等情况通知保险公司和进口商。这种保险单据目前在我国一般适用于以 FOB 或 CIF 价格条件成交的进口货物以及出口展览品和小卖品。

（二）保险单的主要内容

保险单中主要载明保险合同双方当事人的权利、义务及责任，根据我国《海商法》第二百一十七条的规定，海上保险单通常应当包含下列主要内容：保险公司名称；保险单据名称；发票号码；保险单号；被保险人；标记；包装及数量；保险货物项目；保险金额一般都以发票金额加一成（即110%的发票金额）填写；总保险金额；保费；费率；装载运输工具，当运输由两段或两段以上运程完成时，应把各种运输的船只名填在上面；开船日期；起讫地点；承保险别；赔款偿付地点；日期；投保地点；盖章和签字；特殊条款；“ORIGINAL”字样。

五、信用证

信用证（Letter of Credit，L/C），是指开证银行应申请人的要求并按其指示向第三方开立的载有一定金额的，在一定的期限内凭符合规定的单据付款的书面保证文件。信用证是国际贸易中最主要、最常用的支付方式。

信用证并无统一的格式。主要内容大体包括：对信用证自身的说明：信用证的种类、性质、编号、金额、开证日期、有效期及到期地点、当事人的名称和地址、使用本信用证的权利可否转让等；汇票出票人、付款人、期限出票条款等；货物的名称、品质、规格、数量、包装、运输标志、单价等；对运输的要求：装运期限、装运港、目的港、运输方式、运费应否预付，可否分批装运和中途转运等；对单据的要求：单据的种类、名称、内容和份数等；特殊条款：根据进口国政治经济贸易情况的变化或每一笔具体业务的需要，可作出不同的规定；开证行对受益人和汇票持有人保证付款的责任文句。

第二节
报检与受理报检

一、报检与受理报检的概念

（一）报检

1. 概念。报检是指出入境当事人根据有关法律、行政法规的规定，对外贸易合同的约定或证明履约的需要，向检验检疫机构申请检验检疫、鉴定以获准出入境或取得销售使用的合作凭证及某种公证证明所必须履行的法定义务和程序、手续。

2. 注意事项。报检是我国《进出口商品检验法》、《进出境动植物检疫法》、《国境卫生检疫法》和《食品安全法》中规定的法律程序，规定凡法定检验检疫的出入境货物，出入境动植物、动植物产品及其他检疫物，来自疫情传染国家和地区的运输工具、货物、人员等，必须及时向口岸检验检疫机关办理报检手续，经出入境检验检疫合格通关验放。报检人办理报检时，应按规定向出入境检验检疫机构真实地填制报检单，并按规定提供有关单据、证明文件，经检验检疫机构审核后，确定是否受理。

（二）受理报检

1. 概念。受理报检是指出入境检验检疫机构对有关当事人在规定的时间、地点呈交的报检单及其随附单证、资料进行审核，确认其符合国家法律、行政法规的有关规定且单证资料齐全、真实后，接受其申请的行为。

2. 注意事项。

（1）受理报检是检验检疫机构一项十分重要的工作程序。我国相关的检验检疫法规对以下内容都作了明确具体的规定：①出入境货物检验、动植物检疫、卫生检疫的授权；②申请检验检疫的资格、条件；③申请的时间和地点；④申请检验检疫应具备的条件及检验检疫费的缴纳。

（2）对符合有关法律、法规的规定，符合报检基本要求的，检验检疫机构方可受理。对受理报检的报检单进行编号并输入计算机，标志着受理报检的成立。

（3）已受理报检的报检单连同随附单证应及时转交有关检疫部门实施检验检疫，形成以报检单及所附单据为主要内容的书面凭证，以出入境检验检疫法律关系明确各自的权利和义务。

二、入境报检的申请

入境货物的检验检疫工作程序是：报检后先放行通关，后进行检验检疫。出境货物的检验检疫工作程序是：报检后先检验检疫，再放行通关。

（一）入境报检种类

1. 进境一般报检。进境一般报检是指：法定检验检疫入境货物的货主或其代理人，持有关单证向卸货口岸检验检疫机构申请取得“入境货物通关单”（见表 3-1），并对货物进行检验检疫的报检。

对进境一般报检业务而言，签发“入境货物通关单”和对货物的检验检疫都由口岸检验检疫机构完成，货主或其代理人在办理完通关手续后，应主动与货物目的地检验检疫机构联系，落实检验检疫工作。

表 3-1　　中华人民共和国出入境检验检疫

入境货物通关单　　编号：

<table>
<tr><td colspan="3">1. 收货人</td><td rowspan="3">5. 标记及唛头</td></tr>
<tr><td colspan="3">2. 发货人</td></tr>
<tr><td>3. 合同/提（运）单号</td><td colspan="2">4. 输出国家或地区</td></tr>
<tr><td>6. 运输工具名称及号码</td><td colspan="2">7. 目的地</td><td>8. 集装箱规格及数量</td></tr>
<tr><td>9. 货物名称及规格</td><td>10. H.S 编码</td><td>11. 申报总值</td><td>12. 数/重量、包装数量及种类</td></tr>
<tr><td colspan="4">13. 证明
上述货物业已报检/申报，请海关予以放行。
签字：　　日期：</td></tr>
<tr><td colspan="4">14. 备注</td></tr>
</table>

2. 进境流向报检。进境流向报检亦称口岸清关转异地进行检验检疫的报检，指法定入境检验检疫货物的收货人或其代理人持有关证单在卸货口岸向口岸检验检疫机构报检，获取“入境货物通关单”并通关后由进境口岸检验检疫机构进行必要的检疫处理，货物调往目的地后再由目的地检验检疫机构进行检验检疫监管。

流向报检与一般报检的区别就在于，申请进境流向报检货物的通关地与目的地属于不同辖区。

3. 进境异地施检报检。进境异地施检报检是指已在口岸完成进境流向报检，货物到达目的地后，该批进境货物的货主或其代理人在规定的时间内，向目的地检验检疫机构申请进行检验检疫的报检。

进境流向报检和进境异地施检报检是属于一批货物进行报检时的两个环节。经过进境流向报检，就要有货物的进境异地施检报检与其相对应。

因进境流向报检只在口岸对装运货物的运输工具和外包装进行了必要的检疫处理，并未对整批货物进行检验检疫。只有当实施检验检疫的机构对货物实施了具体的检验、检疫后，货主才能获得相应的准许进口货物销售使用的合法凭证，也就是“入境货物检验检疫证明”，这样也就完成了进境货物的检验检疫工作，货物可以自由买卖。在异地施检报检时应提供口岸检验检疫机构签发的“入境货物调离通知单”。

（二）入境报检应提供的单据

1. 入境报检时，应填写“入境货物报检单”，并提供外贸合同、发票、提（运）单、装箱单等有关单证。

2. 按照检验检疫的要求，提供其他相关特殊证单。凡实施安全质量许可、卫生注册或其他需审批审核的货物，应提供有关证明；申请品质检验的，还应提供国外品质证书或质量保证书、产品使用说明书及有关标准和技术资料；凭样成交的，须加附成交样品；以品级或公量计价结算的，应同时申请重量鉴定；入境废物，还应提供国家环保部门签发的“进口废物批准证书”和经认可的检验检疫机构签发的装运前检验合格证书等；申请残损鉴定的，还应提供理货残损单、铁路商务记录、空运事故记录或海事报告等证明货损情况的有关文件；申请数/重量鉴定的，还应提供数/重量明细单、磅码单、理货清单等；货物经收、用货部门验收或其他单位检测的，应随附验收报告或检测结果以及数/重量明细单等；入境动植物及其产品，还必须提供产地证、输出国家或地区官方的检疫证书；需办理入境检疫审批的，还应提供入境动植物检疫许可证；过境动植物及其产品，应提供货运单和输出国家或地区官方出具的检疫证书；运输动物过境的，还应提交国家质检总局签发的动植物过境许可证；入境旅客、交通员工携带伴侣动物的，应提供入境动物检疫证书及预防接种证明；因科研等特殊需要，输入禁止入境物的，须提供国家质检总局签发的特许审批证明；入境特殊物品的，应提供有关的批件或规定文件；开展检验检疫工作要求提供的其他特殊证单。

（三）入境报检的时间和地点

1. 属于法定检验范围内的进口商品，在到货后，收货人必须向卸货口岸或者报关地的商检机构办理登记，由商检机构在报关单上加盖“已接受登记的印章”，海关凭此验放。同时，收货人还必须在规定的检验地点和期限内，向商检机构报验。

2. 法定检验范围以外的进口商品，如果对外经济贸易合同或者运输合同约定由商检机构检验，在进口到货后应依合同所约定的检验地点向商检机构报验，如果合同没有约定检验的地点，则在卸货口岸、到达地或者商检机构指定的地点向商检机构报验。

3. 大宗散装商品，易腐变质商品以及卸货时发现残损或者数量、重量短缺的商品，必须在卸货口岸或者到达地向当地商检机构报验。

4. 需要结合安装调试进行检验的成套设备、机电产品以及在口岸打开包装检验后难以恢复的商品，可在收、用货人所在地向商检机构报验。

5. 法定检验范围以外的进口商品，如果对外经济贸易合同也未约定由商检机构检验，收货人应当按照合同的约定进行验收，商检机构应督促收货人验收并进行抽查检验。验收不合格需要凭商检机构检验证书索赔的，收货人应当及时向所在地的商检机构申请检验出证。

6. 对关系国计民生、价值较高、技术复杂的重要进口商品和大型成套设备，收货人应当在对外经济贸易合同中约定在出口国装运前进行预检验、监造或者监装，并保留到货后最终检验和索赔权的条件。

（四）"入境货物报检单"的填制

入境货物报检单如表 3-2 所示。报检单位应加盖公章，并准确填写本单位在检验检疫机构登记的代码。所列各栏必须填写完整、准确、清晰，栏目内容确实无法填写的以"××"表示，不得留空。

表 3-2

中华人民共和国出入境检验检疫
入境货物报检单

报检单位（加盖公章）：青岛捷顺报关有限公司　　　　＊编　　号__________

报检单位登记号：　　　　联系人：　　　　电话：　　　　报检日期：2006 年 08 月 02 日

发货人	（中文）凯友有限公司		企业性质（划"√"）	□合资□合作□外资	
	（外文）KAIYOU CO.，LTD				
收货人	（中文）潍坊永发塑料制品有限公司				
	（外文）WEIFANG YONGFA PLASTICS CO.，LTD				
货物名称（中/外文）	H.S 编码	原产国（地区）	数/重量	货物总值	包装种类及数量
聚乙烯 LLPE118W	39011000.90	沙特阿拉伯	3960 包 99000 千克	84150 美元	3960 包
运输工具名称号码	DORIAN/003			合同号	74271
贸易方式	进料加工	贸易国别（地区）	沙特阿拉伯	提单/运单号	CUDMN040690024
到货日期	20041206	启运国家（地区）	沙特阿拉伯	许可证/审批号	
卸毕日期	20041206	启运口岸	达曼	入境口岸	青岛
索赔有效期至		经停口岸		目的地	潍坊
集装箱规格、数量及号码		20‘X4，HLXU4294121，HLXU4381437，HLXU4284479，HLXU50524831			

续表

<table>
<tr><td colspan="2" rowspan="2">合同订立的特殊条款
以及其他要求</td><td rowspan="2"></td><td>货物存放地点</td><td>加工厂</td></tr>
<tr><td>用 途</td><td></td></tr>
<tr><td colspan="2">随附单据（划“√”或补填）</td><td>标 记 及 号 码</td><td>＊外商投资财产（划“√”）</td><td>□是□否</td></tr>
<tr><td rowspan="4">□合同√
□发票√
□提/运单√
□兽医卫生证书
□植物检疫证书
□动物检疫证书
□卫生证书
□原产地证
□许可/审批文件</td><td rowspan="4">□到货通知
□装箱单√
□质保书
□理货清单
□磅码单
□验收报告
□
□
□</td><td rowspan="4">N/M</td><td colspan="2">＊检验检疫费</td></tr>
<tr><td>总金额
（人民币元）</td><td></td></tr>
<tr><td>计费人</td><td></td></tr>
<tr><td>收费人</td><td></td></tr>
<tr><td colspan="3" rowspan="3">报检人郑重声明：
1. 本人被授权报检。
2. 上列填写内容正确属实。
签名：王 利</td><td colspan="2">领 取 证 单</td></tr>
<tr><td>日 期</td><td></td></tr>
<tr><td>签 名</td><td></td></tr>
</table>

注：有“＊”号栏由出入境检验检疫机关填写。　　◆国家出入境检验检疫局制

编表说明：

1. 编号：企业发送电子报检信息后，收到尾号为“E”预报检号，正式编号由检验检疫机构报检受理人员填写，前6位为申报地检验检疫局机关代码，第7位为报检类代码（入境01，出境02），第8、9位为年代码，第10至15位为流水号。.

2. 报检单位登记号：报检单位在检验检疫机构登记的号码。

3. 联系人：报检人员姓名。电话：报检人员的联系电话。.

4. 报检日期：检验检疫机构实际受理报检的日期。

5. 收货人：外贸合同中的收货人。应中英文对照填写并录入其在检验检疫机构的注册代码。

6. 发货人：外贸合同中的发货人。

7. 货物名称（中/外文）：进口货物的品名，应与进口合同、发票名称一致，如为废旧货物应注明。

8. H. S编码：进口货物的商品编码。以当年海关公布的商品税则编码分类为准，目前为10位。录入次序是：先录入法检货物，然后为非法检货物，有木质包装的应按00类包装编码申报，最后为001类的集装箱（散货除外）。

9. 原产国（地区）：该进口货物的原产国家或地区，有产地证的，以产地证标注的为准。

10. 数/重量：以商品编码分类中标准数重量单位为准，并与提单和箱单相符。

11. 货物总值：入境货物的总值及币种，应与合同、发票或报关单上所列的货物总值一致。

12. 包装种类及数量：货物实际运输包装的种类及数量（有木质包装的此处种类填写其他）。

13. 运输工具名称号码：运输工具的名称和号码。

14. 合同号：对外贸易合同、订单或形式发票的号码。

15. 贸易方式：该批货物进口的贸易方式。

16. 贸易国别（地区）：进口货物的贸易国别，指合同的卖方。

17. 提单/运单号：货物海运提单号或空运单号，有二程提单的应同时填写。

18. 到货日期：进口货物到达口岸的日期。

19. 启运国家（地区）：货物的启运国家或地区，以提单为准。

20. 许可证/审批号：需办理进境许可证或审批的货物应填写有关许可证号或审批号。

21. 卸毕日期：货物在口岸的卸毕日期。

22. 启运口岸：货物的启运口岸，以提单为准。

23. 入境口岸：货物的入境口岸。

24. 索赔有效期至：对外贸易合同中约定的索赔期限。

25. 经停口岸：货物在运输中曾经停靠的外国口岸。

26. 目的地：货物的境内目的地。

27. 集装箱规格、数量及号码：货物若以集装箱运输应填写集装箱的规格、数量及号码。

28. 合同订立的特殊条款以及其他要求：在合同中订立的有关检验检疫的特殊条款及其他要求应填入此栏。

29. 货物存放地点：货物存放的地点。

30. 用途：本批货物的用途。自以下 9 个选项中选择：（1）种用或繁殖；（2）食用；（3）奶用；（4）观赏或演艺；（5）伴侣动物；（6）试验；（7）药用；（8）饲用；（9）其他。

31. 随附单据：在随附单据的种类前划“√”或补填。

32. 标记及号码：货物的标记号码，应与合同、发票等有关外贸单据保持一致。若没有标记号码则填“N/M”。

33. 外商投资财产：由检验检疫机构报检受理人员填写。

34. 签名：由持有报检员证的报检人员手签。

35. 检验检疫费：由检验检疫机构计费人员核定费用后填写。

36. 领取证单：报检人在领取检验检疫机构出具的有关检验检疫证单时填写领证日期及领证人姓名。

三、出境报检的申请

（一）出境报检的种类

1. 一般报检（产地和报关地一致）。出境货物检验检疫工作的一般程序是：报检后，先检验检疫，后通关放行。即：申请报检→受理报检→实施检验检疫→出具出境货物通关单→放行。

法定检验检疫出境货物的发货人或其代理人向检验检疫机构申请报检；检验检疫机构受理报检和计收费；转检验或检疫部门实施检验检疫，经检验检疫合格的，出具“出境货物通关单”（与“入境货物通关单”内容、形式基本相同）；出境货物经检验检疫不合格的出具“出境货物不合格通知单”。

2. 出境换证报检（产地和报关地不一致）。应在产地检验，检验合格出具出境货物换证凭单或出境货物换证凭条，凭以向报关地检验检疫机构换发“出境货物通关单”。

3. 出境预检报检。对暂时还不能出口的货物预实施检验检疫的报检。合格的，签发出境货物换证凭单，正式出口，可凭此证申请办理放行手续。申请报检的货物是经常出口的、非易腐烂变质、非易燃易爆的商品。

（二）出境报检应提供的单据

出口商品在报检时，一般应提供外贸合同（或售货确认书及函电）、信用证原本的复印件或副本，必要时提供原本。合同如果有补充协议的要提供补充的协议书；合同、信用证有更改，要提供合同、信用证的修改书或更改的函电。

对订有长期贸易合同而采取记账方式结算的，各外贸进出口公司每年一次将合同副本送交商检机构。申请检验时，只在申请单上填明合同号即可，不必每批附交合同副本。凡属危险或法定检验范围内的商品，在申请品质、规格、数量、重量、安全、卫生检验时，必须提交商检机构签发的出口商品包装性能检验合格单证，商检机构凭此受理上述各种报验手续。

1. 凭此成交的商品，须提供经国外买方确认，双方签封或合同，信用证已明确须经商检机构签封的样品。临时看样成交的商品，申请人还必须将样品的编号、号码送交商检机构一份。对于服装、纺织品、皮鞋、工艺品等商品，在报验时还应提交文字表达不了的样卡、色卡或实物样品。

2. 属于必须向商检机构办理卫生注册和出口商品质量许可证的商品，报验时必须提供商检机构签发的卫生注册证书或出口质量许可证编号和厂检合格单。冷冻、水产、畜产品和罐头食品等须办理卫生检疫时，必须交附商检机构签发的卫生注册证书和厂检合格单。

3. 经发运地商检机构检验合格的商品，需在口岸申请换证的，必须交附发运地商检机构签发的出口商品检验换证凭单（简称换证凭单）正本。

4. 经生产经营部门检验的，应提交其检验结果单。

5. 第一次检验不合格，经返工整理后申请重新检验的，应交附原来的商检机构签发的不合格通知单和返工整理记录。

6. 申请重量/数量鉴定的，应交附重量明细单、装箱单等资料。

7. 申请积载鉴定、监视装载的，应提供配载图、配载计划等资料。

8. 申请出口商品包装使用鉴定的，应交附商检机构签发的包装性能检验合格单。

9. 申请委托检验时，报验人应填写委托检验申请单，并提交检验样品、检验标准和方法。国外委托人在办理委托检验手续时还应提供有关函电、资料。

相关链接

你知道哪些商品报检时有特殊规定吗?

服装、纺织品、皮鞋、工艺品等商品，在报检时还应提交文字表达不了的样卡、色卡或实物样品。冷冻、水产、畜产品和罐头食品等须办理卫生检验时，在报检时必须交附商检机构签发的卫生注册证书和厂检合格单。

（三）出境报检的时间和地点

1. 属于法定检验范围的出口商品，发货人应当于接到合同或信用证后备货出口前，在商检机构规定的地点和期限内向商检机构报验。属于法定检验范围以外的出口商品，如果对外经济贸易合同约定由商检机构检验的，也应按上述要求办理。

2. 属于在产地检验后需要在口岸换证出口的商品，发货人应在商检机构所规定的期限内向口岸商检机构报请查验换证。

3. 盛装危险货物出口的包装容器以及属于法定检验范围内的出口商品包装容器，包装生产企业应在将包装容器交付有关商品生产企业使用之前向商检机构申报性能检验；在装货出口前，出口经营单位应向商检机构申报使用鉴定。

4. 对装运出口易腐烂变质的食品、冷冻品的船舱、集装箱等运载工具，承运人、装箱单位或代理人必须在装运前向商检机构申请清洁、卫生、冷藏、密固等适载检验。

5. 经商检机构检验合格的出口商品或其运载工具，逾期报运出口的，发货人或承运人必须向商检机构报检。

（四）“出境货物报检单”的填制

出境货物报检单如表3－3所示。报检单位应加盖公章，并准确填写本单位在检验检疫机构登记的代码。所列各栏必须填写完整、准确、清晰，栏目内容确实无法填写的以“××”表示，不得留空。

表3－3

中华人民共和国出入境检验检疫
出境货物报检单

报检单位（加盖公章）：红星贸易发展有限公司（公章）　　＊编　号：××××123456

报检单位登记号：　　联系人：张宏　电话：　　报检日期：××年12月5日

发货人	（中文）红星贸易发展有限公司				
	（外文）HONGXING TRADE DEVELOPMENT CO. LTD.				
收货人	（中文）大树商务有限公司				
	（外文）BIGTREE BUSINESS CO. LTD.				
货物名称（中/外文）	H. S编码	产地	数/重量	货物总值	包装种类及数量
苹果酱罐头 CANNED APPLE JAM	2007. 9910	天津	2200箱	USD14960. 00	2200箱
草莓酱罐头 CANNED STRAWBERRY JAM	2007. 9910	天津	2200箱	USD14960. 00	2200箱
运输工具名称号码	JIAN HE V. 9632W	贸易方式	一般贸易	货物存放地点	工厂仓库
合同号	DS2001SC205	信用证号	LC010986	用途	食用
发货日期	××. 12. 30	输往国家（地区）	沙特阿拉伯	许可证/审批号	＊＊＊＊＊
启运地	天津	到达口岸	达曼	生产单位注册	＊＊＊＊＊
集装箱规格、数量及号码	20尺小柜×2				
合同、信用证订立的检验检疫条款或特殊要求	标记及号码	随附单据（划“√”或补填）			
	N/M	□合同√ □信用证√ □发票 □换证凭单 □装箱单√ □厂检单	□包装性能结果单 □许可/审批文件 □ □ □ □		

需要证单名称（划“√”或补填）			＊检验检疫费	
□品质证书　√	一正	三副	总金额（人民币）	
□重量证书	正	副		
□数量证书　√	一正	三副		
□兽医卫生证书	正	副	计费人	
□健康证书	正	副		
□卫生证书	正	副	收费人	
□动物卫生证书	正	副		

续表

报检人郑重声明：	领取证单	
1. 本人被授权报检。 2. 上列填写内容正确属实，货物无伪造或冒用他人的厂名、标志、认证标志，并承担货物质量责任。 签名 张宏	日期	××年12月15日
	签名	张宏

注：有“*”号栏由出入境检验检疫机关填写　　◆国家出入境检验检疫局制

编表说明：

1. 报检单位：指向检验检疫机构申报检验、检疫、鉴定业务的单位。报检单应加盖报检单位公章。

2. 报检单位登记号：指在检验检疫机构登记的号码。

3. 发货人：指本批货物贸易合同中卖方名称或信用证中受益人名称。如需要出具英文证书的，填写中英文。

4. 收货人：指本批出境货物贸易合同中或信用证中买方名称。如需要出具英文证书的，填写中英文。

5. 货物名称：按贸易合同或发票所列的货物名称，根据需要可填写型号、规格或牌号。货物名称不得填写笼统的商品类，如陶瓷、玩具等。货物名称必须填写具体的类别名称，如日用陶瓷、塑料玩具等。不够位置填写的，可用附页的形式填报。

6. H.S编码：指货物对应的海关商品代码，填写8位数或10位数。

7. 产地：指货物生产/加工的省（自治区、直辖市）以及地区（市）名称。

8. 数/重量：填写报检货物的数/重量，重量一般填写净重。如填写毛重，或以毛重作净重则需注明。

9. 货物总值：按本批货物合同或发票上所列的总值填写（以美元计）。如同一报检单报检多批货物，需列明每批货物的总值。（注：如申报货物总值与国内、国际市场价格有较大差异，检验检疫机构保留核价权力。）

10. 包装种类及数量：指本批货物运输包装的种类及件数。

11. 运输工具名称号码：填写货物实际装载的运输工具类别名称（如船、飞机、货柜车、火车等）及运输工具编号（船名、飞机航班号、车牌号码、火车车次）。报检时，未能确定运输工具编号的，可只填写运输工具类别。

12. 贸易方式：(1) 一般贸易，(2) 来料加工，(3) 进料加工，(4) 其他等。

13. 货物存放的地点：指本批货物存放的地点。

14. 合同号：指本批货物贸易合同编号。

15. 信用证号：指本批货物的信用证编号。

16. 用途：指本批出境货物用途，如种用、食用、奶用、观赏或演艺、伴侣、实验、药用、饲用、加工等。

17. 发货日期：按本批货物信用证或合同上所列的出境日期填写。

18. 输往国家（地区）：指贸易合同中买方（进口方）所在的国家或地区。

19. 许可证/审批号：对实施许可证制度或者审批制度管理的货物，报检时填写许可证编号或审批单编号。

20. 启运地：指装运本批货物离境的交通工具的启运口岸/地区城市名称。

21. 到达口岸：指装运本批货物的交通工具最终抵达目的地停靠的口岸名称。

22. 生产单位注册号：指生产/加工本批货物的单位在检验检疫机构的注册登记编号。

23. 集装箱规格、数量及号码：填写装载本批货物的集装箱规格（如40英尺、20英尺等）以及分别对应的数量和集装箱号码。若集装箱太多，可用附单形式填报。

24. 合同、信用证订立的检验检疫条款或特殊要求：指贸易合同或信用证中贸易双方对本批货物特别约定而订立的质量、卫生等条款和报检单位对本批货物检验检疫的特别要求。

25. 标记及号码：按出境货物实际运输包装标记填写。如没有标记，填写N/M。标记栏不够位置填写时，可用附页填写。

26. 随附单据：按实际提供的单据，在对应的“□”打“√”。对报检单上未标出的，须自行填写提供的单据名称。

27. 需要证单名称：按需要检验检疫机构出具的证单，在对应的“□”打“√”，并对应注明所需证单的正副本的数量。对报检单上未标出的，如“通关单”等，须自行填写所需证单的名称和数量。

28. 报检人郑重声明：必须有报检人的亲笔签名。

[复习思考题]

一、单选题

1. 在填制“入境货物报检单”时，不能在“贸易方式”一栏中填写（　　）。

A. 来料加工　　B. 无偿援助

C. 观赏或演艺　　D. 外商投资

2. 法定检验的进口商品到货后，（　　）必须向卸货口岸或到达口岸的检验检疫机构办理报检。

A. 收货人或其代理人　　B. 用货人

C. 发货人　　D. 其他贸易关系人

3. 已在口岸完成进境流向报检，货物到达目的地后，该批进境货物的货主或其代理人在规定的时间内，向目的地检验检疫机构申请进行检验检疫的报检，属于（　　）。

A. 进境一般报检　　B. 进境流向报检

C. 异地施检报检　　D. 以上都不对

4. 出境货物报检单中的启运地指（　　）。

A. 原装地　　B. 加工地

C. 装货地　　D. 货物最后离境的口岸

5. 一般出口货物最迟应在出口报关或装运前（　　）天报检。

A. 10　　B. 7

C. 5　　D. 3

二、多选题

1. 入境货物报检分为（　　）报检。

A. 进境流向报检　　B. 异地施检报检

C. 进境一般报检　　D. 进境特殊报检

2. 出境货物报检分为（　　）。

A. 出境一般报检　　B. 出境换证报检

C. 出境货物预检报检　　D. 出境特殊报检

3. 下列表述正确的是（　　）。

A.“入境货物报检单”的提单/运单号填货物海运提单或空运单号，有二程提单的应同时填写

B. “入境货物报检单”的原产国（地区）：该进口货物的原产国或地区

C.“入境货物报检单”的包装种类及数量：填写本批货物实际运输包装的种类及

数量，并注明包装的材质

D. “入境货物报检单”的合同号，应填写对外贸易合同、订单或形式发票的号码

4. 以下所列“入境货物报检单”中的栏目，应由报检员填写的有（　　）。

A. 报检单位登记号　　B. 随附单据

C. 检验检疫费　　D. 领取证单日期

5. 关于进出口商品收发货人办理报检手续的方式，以下表述正确的有（　　）。

A. 可以自行办理报检手续

B. 可以委托代理报检企业办理报检手续

C. 采用快件方式进出口商品的，可以自行办理报检手续

D. 采用快件方式进出口商品的，应当委托出入境快件运营企业办理报检手续

6. 关于报检单的填制，以下表述正确的有（　　）。

A. 货物名称应与合同、发票所列名称一致，如为废旧货物应注明

B. 货物总值应与合同、发票或报关单所列的货物总值一致

C. 包装种类及数量应填写货物实际运输包装种类及数量，无须注明包装材质

D. 起运口岸应填写装运货物的交通工具的起运口岸

三、判断题

1. 法定检验检疫的入境货物，在报关时必须提供报关地出入境检验检疫机构签发的“入境货物检验检疫证明”，海关凭此验放 。（　　）

2. 申请进境流向报检货物的通关地与目的地属于不同辖区。（　　）

3. 大宗散装商品、易腐烂变质商品、废旧物品及在卸货时发现包装破损、重量或数量短缺的商品，必须在卸货口岸或者到达地向当地检验检疫机构报检。（　　）

4. 对于出境换证报检的货物，报关地检验检疫机构按照国家质检总局规定的抽查比例进行查验。（　　）

5. 预检报检的货物经检验检疫合格的，检验检疫机构签发“出境货物通关单”，货主或其代理人在出口时，可在检验检疫有效期内持此单向检验检疫机构申请办理放行手续。（　　）

6. 在产地检验后需要在口岸换证出口的商品，发货人应在商检机构所规定的期限内向产地商检机构报请查验换证。（　　）

四、简答题

1. 入境货物报检应提供哪些单据？

2. 什么是出境货物的换证报检？

3. 什么是进境货物的异地施检报检？其有什么特点？

4. 什么是报检和受理报检？

五、案例分析题

1. 西安某进出口公司从美国进口一批化妆品，货物欲从天津新港入境，目的地为西

安，试描述该公司应如何办理货物的进境报检手续？

（资料来源：edu.21cn.com/baojian/.）

2. 某进出口企业出口40吨花生，由检验检疫机构进行检验，取得了合格证书。这时接到买方来函，声称市场上对该货物的需求很大，市场价格上涨，要求卖方追加10吨花生一同运出。卖方考虑到所要追加的花生和原来的花生品质以及各项指标完全一致，无须报商检部门重新进行检验，遂自行对其证书进行了局部修改。

试分析： 其做法是否符合规范？为什么？

第四章
主要入境货物的报检

学习目标

学习目标：

□ 了解我国各种入境货物报检的基本内容

□ 掌握入境货物报检工作及应注意的相关事项

技能要求：

□ 能正确填制入境货物报检单，学会处理各类入境货物的报检事务

第一节
入境动物及动物产品的报检

动物及动物产品的检验检疫对保护我国生态环境和人民健康具有极大的意义。其目的和任务：一是保护农、林、牧、渔业生产，采取一切有效的措施免受国内外重大疫情的影响；二是促进经济贸易的发展；三是保护人民身体健康。动物检疫对保护人民身体健康具有非常重要的现实意义。

一、入境动物的报检

（一）报检范围

入境“动物”指饲养、野生的活动物。其中大、中动物包括黄牛、犀牛、马、象、绵羊、狮、虎、豹、河马、海豚等动物；小动物包括犬、猫、兔、实验用鼠、各种鸟类动物；水生动物和两栖爬行动物包括鱼（包括种苗）、虾、蟹、贝、海参、龟、蛇等；进境

演艺动物特指入境用于表演、展览、竞技，而后需要复出境的动物。进境伴侣动物特指由旅客携带入境的伴侣犬、猫。

（二）报检程序

1. 检疫审批。对输入或过境运输动物、动物产品必须提前申请、办理检疫审批手续，取得进境许可证，以防止进口企业不了解国外疫情和我国法律的具体规定，盲目进口，在货物抵达口岸时因违法违章而被退货或者销毁，造成经济损失。因此，输入动物的进口商或接收单位应在签订贸易合同或赠送协议之前，向国家检验检疫机关提出申请，办理检疫审批手续。国家检验检疫机关根据对申请材料的审核及输出国家的动物疫情、我国有关的检疫规定等情况，对同意进境的动物发给相关的动物进境检疫许可证。我国检验检疫审批实行两级审批制度：地方检验检疫局预审和国家质检总局终审。两级审批制度的实施可以有效降低带疫货物入境的几率，避免企业不必要的经济损失。

2. 境外预检。对进境种用动物，派出专家到输出国了解产地疫情，监督输出国严格执行双方签订的动物健康议定书。目前该项措施已逐渐引申到其他高风险、敏感动物产品。

3. 检疫报检。对进境或过境的动物、动物产品必须向出入境检验检疫机关报检。对报检单证的审核是货物入境查验的第一关，地方检验检疫机构制定了严格的报检规定和程序。通过对许可证和国外官方检疫证书的审核，杜绝不符合规定的货物通关入境。首先应在规定的时间内报检：输入种畜、禽及其精液、胚胎的，应在动物入境前30天报检；输入其他动物，应在动物入境前15天报检；输入上述以外的动物产品在入境时报检。其次应在规定的报检地点报检：输入动物、动物产品和其他检疫物，向入境口岸检验检疫机构报检，由口岸检验检疫机构实施检疫；入境后需办理转关货物运输目的地和最终报关地；涉及品质检验且在目的港或到达站卸货没有发现残损的，可在合同约定的目的地向检验检疫机构报检并实施检验。

4. 现场检疫和隔离检疫。对进境动物实施检疫是整个动物检疫的主要环节。在货物抵达进境口岸时检疫人员登机、登船或到货物停放地进行现场检疫，通过核对货证、查验运输记录、现场检查和实施防疫消毒处理，将不合格货物阻截于国门之外。对输入动物的，通过现场检疫不能完全确定货物是否带疫，还将实施隔离检疫，必要时按规定抽样进行实验室检疫，使通过进境动物传播疫病疫情的风险降至最低。对于现场检验检疫合格的，口岸检验检疫机关签发相关单证。

5. 检疫不合格动物的检疫处理。采取强制性处理措施，如除害、扑杀、销毁、退回等手段，有效阻止带有疫病疫情的货物入境或造成疫情传播。入境动物检疫的基本程序如图4－1所示。

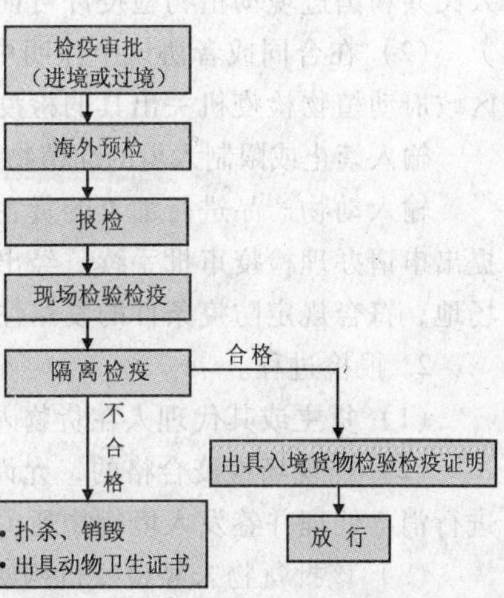

图4－1 入境动物检疫程序

（三）报检时应提供的单据

货主或其代理人在办理入境动物报检手续时，除填写入境货物报检单外，还须按检疫要求出具下列有关单证：

1. 输出国家或地区政府出具的检疫证书（正本）；

2. 中华人民共和国进境动植物检疫许可证，分批进口的还须提供许可证复印件进行核销；

3. 外贸合同、发票、装箱单、海运提单或空运单、产地证等；

4. 输入活动物的应提供隔离场审批证明。

二、入境动物产品的报检

（一）报检范围

按照我国《进出境动植物检疫法》规定，动物产品是指来源于动物未经加工或者虽经加工但仍有可能传播疫病的产品，如生皮张、毛类、肉类、脏器、油脂、动物水产品、奶制品、蛋类、血液、精液、胚胎、骨、蹄、角等。具体来讲分为食用性和非食用性动物产品两类。

1. 食用性动物产品：生的肉类及其产品（含脏器）、鲜蛋、鲜奶。

2. 非食用性动物产品：皮张类（不包括蓝湿（干）皮、已鞣制皮毛）、毛类（不包括洗净羽绒、洗净毛、碳化毛、毛条）、骨蹄角及其产品、明胶、蚕茧、动物源性饲料及饲料添加剂、鱼粉、肉粉、骨粉、肉骨粉、油脂、血粉、血液等，含有动物成分的有机肥料。

（二）报检程序

《进出境动植物检疫法》第十条规定：输入动物、动物产品、植物种子、种苗及其他繁殖材料的，必须事先提出申请，办理检疫审批手续。因此，进口商在签订进口动物、动物产品的外贸合同时应注意以下几点：

1. 报检前的审批。

（1）在签订外贸合同前应到检验检疫机构办理检疫审批手续，取得准许入境的中华人民共和国进境动植物检疫许可证后再签外贸合同。

（2）在合同或者协议中注明中国法定的检疫要求，并注明必须附有输出国家或者地区政府动植物检疫机关出具的检疫证书。

输入禁止或限制入境的动植物、动植物产品及其他检疫物等，还须持特许审批单报检。

输入动物产品进行加工的货主或者代理人须申请办理注册登记，并应向检验检疫机构提出申请办理检疫审批手续。经出入境检验检疫机构检查考核其用于生产、加工、存入的场地，符合规定防疫条件的发给注册登记证。

2. 报检过程。

（1）货主或其代理人在货物入境前向口岸检验检疫机构报检，约定检疫时间。

（2）经现场检疫合格的，允许卸离运输工具，对运输工具、货物外包装、污染场地进行消毒处理并签发入境货物通关单，将货物运至指定存放地点。

（3）该批货物未经检疫机构实施检验检疫，不得加工、使用、销售。

3. 现场检疫。输入动物产品到达口岸后，货主或其代理人通知口岸检验检疫机构派员进行现场检疫，口岸检验检疫机构派出官员按规定登轮、登机或登车检疫，审核报检单、进境动植物产品检疫许可证、输出国家或政府签发的有效检疫证书、产地证书、信用证或贸易合同等单据，同时查看航行（飞行）日志、沿途停靠港、配载情况及舱位图、上一航次装货清单及消毒情况等。

（三）报检时应提供的有关单证

货主或其代理人在办理入境动物产品及其他检疫物报检手续时，除填写入境货物报检单和提供如外贸合同、发票、装箱单、海运提单或空运单、产地证等外贸单据外，还须按检疫要求出具下列有关证单：

1. 输出国家或地区政府出具的检疫证书（正本）以及产地证书的副本。

2. 中华人民共和国进境动植物检疫许可证，分批进口的还须提供许可证复印件进行核销。

3. 向我国输出动物产品的国外生产、加工、存放企业的注册登记证及标识、企业印章及标识的复印件。

4. 国内生产加工储存输入动物产品企业在口岸检验检疫机构的注册登记证明。

5. 我国参加的国际公约所限制进出口的野生动物或者其产品，必须经国务院野生动物行政主管或者国务院批准，并取得国家濒危物种管理机关允许入境证明书（副本），如虎骨、豹骨、象皮、象牙、羚羊角等。

6. 以一般贸易方式进境的肉鸡产品报检时还须提供由商务部下属外经贸管理部门签发的自动登记进口证明。外商投资企业进境的肉鸡产品，还须提供商务部下属外经贸管理部门签发的外商投资企业特定商品进口登记证明复印件。以加工贸易方式进境的肉鸡产品，还应提供由商务部下属外经贸管理部门签发的加工贸易业务批准证。

7. 来自美国、日本、韩国以及欧盟（15 个国家）的检疫物，应按规定提供有关包装情况的证书和声明。

8. 输入国家规定的禁止或限制入境动物产品还须持特许审批单报检。

相关链接

国家禁止入境的动物产品有：精液、胚胎、受精卵、蚕卵、生肉类、腊肉、香肠、火腿、腌肉、熏肉、蛋、水生动物产品、鲜奶、乳清粉、皮张、鬃毛类、蹄骨角类、血液、血粉、油脂类、脏器等。

三、入境动物生物制品的报检

1. 报检范围。主要包括动物血清、疫苗、诊断液等。

2. 签订贸易合同或者协议前申请办理进境动植物检疫许可证。申请人应先准备好的材料包括：

（1）生产企业所在国（地区）政府签发的企业注册证书和兽药管理机关批准的生产、销售证明以及企业符合兽药生产质量管理规范（GMP）的证明文件。上述证明必须先在企业所在国公证机关办理公证或由企业所在国外交部（或外交部授权的机构）认证，再经中华人民共和国驻企业所在国（地区）使馆（领事馆）确认。

（2）生物制品的质量标准及检验方法。

(3) 产品使用说明书（包括商标、兽药名称、规格、企业名称、产品批号和批准文号，并写明主要成分、含量、作用、用途、用法、用量、有效期和注意事项等）。

(4) 来源和制造方法、稳定性试验资料。

(5) 临床试验或区域性试验。

(6) 制品的原材料（包括菌毒种来源、代次和制备方法）标准。

(7) 细胞苗的细胞种来源、代次、传代方法、鉴定方法和标准。

(8) 活疫苗的成分、配方、特异性和稳定性试验。

(9) 定性试验。

(10) 灭活疫苗的灭活剂、佐剂的种类及标准。

(11) 诊断液的特异性、敏感性及符合率。

(12) 农业部签发的进口兽药许可证复印件。

(13) 进口单位的营业执照复印件。

(14) 进口单位有关的管理规定，包括兽医卫生、防疫、质量等方面。

以上(1)～(14)条的资料均需提供原文及中文译本。取得中华人民共和国进境动植物检疫许可证后，申请单位在生物制品入境前到申请单位所在地检验检疫机构备案。如果入境口岸不在所在地直属检验检疫局管辖区内，申请单位还须到入境口岸检验检疫机构备案。

3. 报检与查验。入境时，货主或其代理人凭进境动植物检疫许可证的正本向入境口岸检验检疫机构办理报检手续，并提供输出国官方签发的兽医检疫证书正本、进口兽药许可证复印件、进口合同或协议、发票、生产厂检验证明、产品使用说明书、装箱清单、提单等。入境口岸检验检疫机构受理报检后，审核有关的单证，符合要求的，进行现场查验；不符合要求的，不受理报检。

现场未发现异常，按规定标准抽样，签发一式两联的入境货物通关单；样品送检验检疫机构认可的实验室检验，检测其是否受到细菌等微生物的污染等；同时货物送指定地点存放。货物指定地点不在入境口岸检验检疫机构辖区内的，入境口岸检验检疫机构不抽样，签发一式四联的入境货物通关单，通知货物存放所在地检验检疫机构。运输途中严禁开箱挪动或使用。

相关链接

2011年6月，针对台湾“昱伸香料有限公司”制售的食品添加剂“起云剂”含有化学成分邻苯二甲酸（2－乙基己基）酯（DEHP），该“起云剂”已用于部分饮料等产品的生产加工。国家质检总局立即要求各地出入境检验检疫机构加强检验监管，防止问题产品进入大陆。凡检出DEHP的产品，一律不准入境；如果发现问题产品已流向社会，立即告知进口企业实施召回；暂停进口台湾方面通报的问题产品生产企业生产的运动饮料、果汁、茶饮料、果酱果浆、胶锭粉类产品或食品添加剂；暂停进口不能提供台湾有资质实验室出具的不含邻苯二甲酸酯检验证明的上述产品。国家质检总局及时采取的措施，有效地保护了我国人民的生命安全。

实验室检验结果符合要求的，签发入境货物检验检疫证明；货主或其代理人收到入境货物检验检疫证明后，方可使用或销售。实验室检验结果不符合要求，签发检验检疫处理通知书，对货物作退回或销毁处理。货主有要求的，可签发兽医卫生证书。

第二节
入境植物及植物产品的报检

一、入境种子、苗木的报检

（一）检疫审批

入境植物种子、种苗，货主或其代理人应按我国引进种子的审批规定，事先向农业部、国家林业局、各省植物保护站、林业局等有关部门申请办理“引进种子、苗木检疫审批单”。入境后需要进行隔离检疫的，还要向检验检疫机构申请隔离场或临时隔离场；带介质土的还需办理特许审批；转基因产品需到农业部申领许可证。

1. 提出申请。引进种子、苗木和其他繁殖材料的单位（个人）或其代理进口单位，应当在对外签订贸易合同或协议 30 日前，申请办理国外引进检疫审批手续。

2. 填写“引进种子、苗木检疫审批申请书”及“引进种子、苗木检疫审批单”、“引进林木种子、苗木和其他繁殖材料检疫审批单”。引进生产用种苗须同时提供有效的进口种苗权证明材料。报农业部全国农业技术推广中心审批的生产用种苗，还须提供种植地的省、自治区、直辖市农业厅（局）植物检疫（植保植检）站签署的有关种苗的疫情检测报告。

3. 审批。审批机构对申请单位提供的有效证件和相关单证是否齐全进行审查后，根据国家的有关检疫法规和输出国家或地区的植物疫情，以及两国间签订的检疫卫生条件，签署审批意见。对于批准进境的，提出具体的检疫要求及批准的数量，同时指定允许进境的口岸。

4. 审批单证的发放和废止。经检疫审批机关审批同意后，由审批机关发放引进种子、苗木检疫审批单。审批单的有效期一般为 6 个月，特殊情况可延长，但最长不超过 1 年。在有效期内，如果输出国发生重大疫情时，检验检疫机关有权宣布已审批的审批单作废或延期执行。

5. 审批单的更改与重新办理。引进种子、苗木检疫审批单在办理后，申请单位如需更改国家或地区、时间、植物种子、种苗及其他繁殖材料的种类、数量的，均须重新办理审批手续；超过有效期的，亦须重新办理。

进境植物、植物产品的检疫审批工作流程如图 4－2 所示。

（二）报检要求

在植物种子、种苗入境前，货主或其代理人应持有关资料向出入境检验检疫机构报检并预约检疫时间。经出入境检验检疫机构实施现场检疫或处理合格的，签发“入境货物

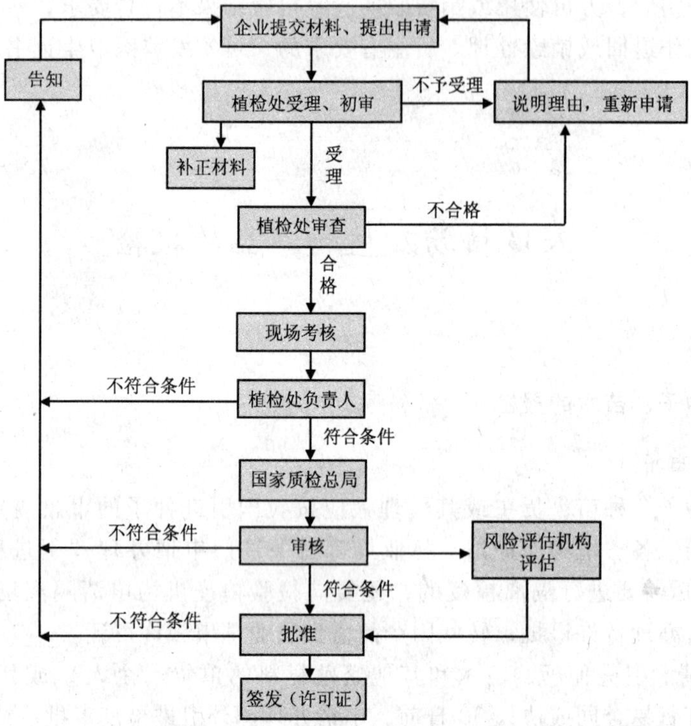

图 4－2　进境植物、植物产品的检疫审批工作流程图

通关单”。

（三）报检应提供的单证

1. 货主或其代理人报检时应填写入境货物报检单并随附合同、发票、提单，引进种子、苗木检疫审批单及输出国官方植物检疫证书、产地证等有关文件。

2. 须调往货物目的地检验检疫的，还应提供目的地检验检疫机构出具的准许调入函。

3. 来自美国、日本、韩国以及欧盟（15 个国家）的货物，应按规定提供有关包装情况的证书和证明。

二、入境水果、烟叶和茄科蔬菜的报检

（一）检疫审批

国家质检总局对进口水果、烟叶和茄科蔬菜实行检疫审批制度。进口水果、烟叶和茄科蔬菜（主要有番茄、辣椒、茄子等）应事先提出申请，办理检疫审批手续，取得“进境动植物检疫许可证”。转基因产品需到农业部申领许可证。

具体检疫审批的程序是：

1. 货主、物主或其代理人应事先按要求填写“进境动植物检疫许可证申请表”（见表 4－1），向国家质检总局提出申请。

表 4－1

中华人民共和国进境动植物检疫许可证申请表

<table>
<tr><td colspan="6">一、申请单位　　　　　　　　　　　　　　　　编号：</td></tr>
<tr><td colspan="4">名称：</td><td colspan="2" rowspan="4">本表所填内容真实。保证严格遵守进出境动植物检疫的有关规定，特此声明。

签字盖章：
申请日期：　年　月　日</td></tr>
<tr><td colspan="4">地址：</td></tr>
<tr><td>邮编：</td><td>法人代码：</td><td colspan="2">联系人：</td></tr>
<tr><td colspan="2">电话：</td><td colspan="2">传真：</td></tr>
</table>

<table>
<tr><td colspan="4">二、进境后的生产、加工、使用、存放单位</td></tr>
<tr><td>名称及地址</td><td>联系人</td><td>电话</td><td>传真</td></tr>
<tr><td></td><td></td><td></td><td></td></tr>
</table>

<table>
<tr><td colspan="6">三、进境检疫物</td></tr>
<tr><td>名称</td><td>品种</td><td>数量/重量</td><td>产地</td><td>境外生产、加工、存放单位</td><td>是否转基因产品</td></tr>
<tr><td></td><td></td><td></td><td></td><td></td><td></td></tr>
<tr><td colspan="3">输出国家或地区：</td><td colspan="2">进境日期：　年　月　日</td><td>出境日期：</td></tr>
<tr><td colspan="5">进境口岸：</td><td>结关地：</td></tr>
<tr><td colspan="3">目的地：</td><td colspan="2">用途：</td><td>出境口岸：</td></tr>
<tr><td colspan="6">运输路线及方式：</td></tr>
<tr><td colspan="6">进境后隔离检疫场所：</td></tr>
</table>

<table>
<tr><td colspan="2">四、审批意见（以下由出入境检验检疫机关填写）</td></tr>
<tr><td>初审机关意见：

签字盖章：

日期：　年　月　日</td><td>审批机关意见：

经办：　　审核：　　签发：

经办日期：　年　月　日</td></tr>
</table>

2. 供展览用的进境水果，必须经展览会所在地检验检疫机构签署意见；供直通车船、关前免税店、涉外酒店等使用、销售的进境水果，必须经进境口岸检验检疫机构签署意见。

3. 经国家质检总局审核，对符合审批要求的，签发“进境动植物检疫许可证”；

4. 不符合审批要求的，不予签发，并告知申请人不予签发的理由。

办理进境检疫审批手续后，有下列情况之一的，货主、物主或其代理人应重新办理审批手续：（1）变更进口水果的品种或增加数量的；（2）变更输出国家或地区的；（3）变更进境口岸的；（4）超过检疫许可证有效期的。

（二）报检要求

符合下列条件，方可办理进境水果检疫审批手续：

1. 输出国家或者地区无重大疫情。

2. 符合中国有关动植物检疫法律、法规的规定。

3. 符合中国与输出国家或者地区签订的有关双边检疫协定（含检疫协议、备忘录等）。

4. 我国允许进境水果种类及输出国家/地区名录如表 4－2 所示。

表 4－2　　我国允许进境水果种类及输出国家/地区名录

输出国家/地区	水果种类
泰国	罗望子、桔、苹果、番荔枝、橙、柚、木瓜、杨桃、番石榴、红毛丹、莲雾、菠萝蜜、椰色果、菠萝、人参果、香蕉、西番莲、椰子、龙眼、榴莲、芒果、荔枝、山竹。
马来西亚	龙眼、山竹、荔枝、椰子、西瓜、木瓜、红毛丹。
印度尼西亚	香蕉、龙眼、山竹、蛇皮果。
越南	芒果、龙眼、香蕉、荔枝、西瓜、红毛丹、菠萝蜜、火龙果。
缅甸	龙眼、山竹、红毛丹、荔枝、芒果、西瓜、甜瓜、毛叶枣。（后四种水果限定从云南瑞丽、打洛口岸入境）
菲律宾	菠萝、香蕉、芒果、木瓜。
日本	苹果、梨。
巴基斯坦	芒果、柑橘。
印度	芒果、葡萄。
以色列	橙、柚、橘子、柠檬、葡萄柚。
中国台湾	菠萝、香蕉、椰子、番荔枝、木瓜、杨桃、芒果、番石榴、莲雾、槟榔、桔、柚、李、枇杷、柿子、桃、枣、梅、柠檬、橙、火龙果、哈密瓜。
美国	李子（加利福尼亚州）；樱桃（华盛顿州、俄勒冈州、加利福尼亚州、爱达荷州）；葡萄（加利福尼亚州）；苹果（Red Delicious、Golden Delicious 两个品种，华盛顿州、俄勒冈州、爱达荷州）；桔、橙、柚、柠檬（加利福尼亚州、佛罗里达州、亚利桑那州、德克萨斯州）。

续表

输出国家/地区	水果种类
墨西哥	鳄梨、葡萄。
巴拿马	香蕉。
厄瓜多尔	香蕉。
哥伦比亚	香蕉。
哥斯达黎加	香蕉。
乌拉圭	桔、橙、柚、柠檬。
阿根廷	橙、葡萄柚、桔及其杂交种。
智利	猕猴桃、苹果、葡萄、李子、樱桃。
秘鲁	葡萄、芒果、柑橘（葡萄柚、桔、橙、柠檬）。
法国	苹果、猕猴桃。
西班牙	桔、橙、柚、柠檬。
南非	桔、橙、柚、柠檬、葡萄。
埃及	橙、柚、桔、柠檬、葡萄柚。
澳大利亚	桔、橙、柠檬、葡萄柚、芒果。
新西兰	桔、橙、柠檬、苹果、樱桃、葡萄、猕猴桃、李、梨、梅。
意大利	猕猴桃。

资料来源：国家质检总局网站。

在入境前货主或其代理人应持有关资料向口岸出入境检验检疫机构报检，约定检疫时间，入境果蔬经口岸出入境检验检疫机构检疫合格的，签发“入境货物通关单”准予入境。

相关链接

对抽取的植物、植物产品代表性样品和病、虫、杂草籽样本材料，分别情况并按生物学特性，采用下列一种或几种方法进行检查和鉴定：过筛检查；解剖检查；透视检查；染色检查；比重检查；洗涤检查；漏斗分离检查；直接镜检；吸水纸培养检查；切片检查；分离培养检查；萌发检查；试植检查及分子生物学检测等。

（资料来源：付菁：《报检员完全手册》，中国市场出版社 2006 年版，第 170 页。）

水果入境检疫应首先检查包装外表有无害虫及附着物，仔细校对产地、标记、加工厂、包装厂等，并当场按规定的比例开箱检查，检查果实有无病斑、腐烂、发霉、虫孔等，并按规定抽取一定数量的样品，供实验室剖查。

对于两国政府有双边协议、谅解备忘录及工作机会的，按有关要求进行抽查检疫。

在实验室检疫过程中，货物可集中在恒温库中封存，不得销售。

其他植物产品和其他检疫物，视其具体情况，采取相应的检疫措施。

（三）报检时应提供的单据

货主或其代理人报检时应填写“入境货物报检单”并随附：

1. 合同、发票、提单（外贸单据）；
2. 《进境动植物产品检疫许可证》；
3. 输出国官方植物检疫证书；
4. 产地证等。

三、入境粮食和饲料的报检

（一）报检范围

入境应法定检验的粮食指禾谷类（如小麦、玉米、稻谷、大麦、燕麦、高粱等）、豆类（如大豆、绿豆、豌豆、赤豆、蚕豆、鹰嘴豆等）、薯类（如马铃薯、木薯、甘薯等）等粮食作物的籽实（非繁殖用）及其加工产品（如大米、麦芽、面粉等）；饲料指粮食、油料经加工后的副产品（如麦麸、豆饼、豆粕等）。

（二）检疫审批

疫病风险比较低、无需进行入境检疫审批的植物产品有：粮食加工产品（大米、面粉、米粉、淀粉等）、薯类加工产品（马铃薯细粉等）、植物源性饲料添加剂、乳酸菌、酵母菌。国家质检总局对其他入境粮食和饲料实行检疫审批制度。货主或其代理人应在签订贸易合同前在直属出入境检验检疫局办理初审后送国家质检总局办理检疫审批手续。货主或其代理人应将进境动植物检疫许可证规定的入境粮食和饲料的检疫要求在贸易合同中列明。转基因产品需到农业部申领许可证。

（三）报检程序及应提供的证单

货主或其代理人应当在粮食和饲料入境前向入境口岸检验检疫机构报检，报检时应填写入境货物报检单，并提供进境动植物检疫许可证、贸易文件（合同、信用证等）约定的检验方法标准或成交样品、输出国官方植物检疫证书、发票、提单、产地证及其他有关文件。

四、入境转基因产品的报检

转基因技术是指通过 DNA 重组技术或遗传工程的方法将一种生物体或物种的基因转移到另一种生物体或另一种物体中，从而改变生物体的遗传物质的一种生物技术。

出入境转基因产品是指以各种方式（包括一般贸易、来料加工、邮寄、携带、生产、代繁、科研、交换、展览、援助、赠送以及其他方式）出入境的转基因产品。这里所指的转基因产品是国务院于 2001 年 5 月 23 日颁布的《农业转基因生物安全管理条例》中规定的农业转基因生物及我国其他法律、法规规定的转基因生物及其产品。

（一）检疫审批

1. 列入《实施标识管理目录》的入境转基因产品：

- 对申报为转基因并列入实施标识管理的入境转基因产品，经检验符合农业转基因生物安全证书，其他检验检疫项目均合格，并按标识审查批准文件规定进行转基因标识的，准予入境，并签发有关的单证；经检测不符合农业转基因生物安全证书的，作退货或销毁处理，并签发检验检疫处理通知单；其他检验检疫项目均合格，但未按规定标识的，不准入境，重新标识符合规定后，准予入境，并签发有关单证。

● 对申报为非转基因的列入实施标识管理的入境转基因产品，经抽查检测没有转基因成分，其他检验检疫项目均合格，并按标识审查批准文件规定进行转基因标识的，准予入境，并签发单证；其他检验检疫项目均合格，但未按规定标识的，不准入境，重新标识符合规定后，准予入境，并签发有关单证；经抽查检测含有转基因成分的，作退货或销毁处理，并签发检验检疫处理通知单。

2. 在《实施标识管理目录》以外的入境动植物及其产品、微生物及其产品和食品：申报为转基因的，经抽查检测，符合农业转基因生物安全证书，其他检验检疫项目均合格的，准予入境，并签发有关单证。经抽查检测，不符合农业转基因生物安全证书，作退货或销毁处理，并签发检验检疫处理通知单。申报为非转基因的，经抽查检测表明含有转基因成分的，作退货或销毁处理，并签发检验检疫处理通知单。经抽查检测没有转基因成分的，其他检验检疫项目均合格的，准予入境，并签发有关单证。

3. 供展览用的入境转基因产品须获得法律法规规定的主管部门签发的有关批准文件后方可入境，展览期间应当接受检验检疫机构的监管。展览结束后，所有转基因产品必须作退回或销毁处理。如因特殊原因，需改变用途的，须按有关规定补办入境检验检疫手续。

（二）报检要求

农业转基因生物是指利用基因工程技术改变基因组构成，用于农业生产或者农产品加工的动植物、微生物及其产品，主要包括：转基因动植物（含种子、种畜禽、水产苗种）和微生物、转基因动植物、微生物产品、转基因农产品的直接加工品、含有转基因动植物、微生物或者其产品成分的种子、种畜禽、水产苗种、农药、兽药、肥料和添加剂等产品。

目前转基因作物最主要的种类为大豆、玉米、棉花和油菜，主要种植国为美国、阿根廷、加拿大。我国现已公布的第一批实施标识管理的农业转基因生物有5类17种，包括大豆种子、大豆、大豆粉、大豆油、豆粕；玉米种子、玉米、玉米油、玉米粉；油菜种子、油菜籽、油菜籽油、油菜籽粕；棉花种子；番茄种子、鲜番茄、番茄酱。

国家质检总局负责全国出入境转基因产品的检验检疫管理工作，其设在各地的检验检疫机构负责所辖地区出入境转基因产品的检验检疫工作。

（三）报检应提供的单证

货主或其代理人在办理转基因产品入境许可申请和报检手续时，除按规定提供有关单证外，还应当提供国务院农业行政主管部门颁发的农业转基因生物安全证书，如属需标识管理的，还应当提供农业转基因生物标识审查认可批准文件，否则不予受理入境许可申请和报检申请。

相关链接

现场检疫

现场检疫是指检验检疫人员在船上、码头及检验检疫机构认可的场所实施检疫，并按规定抽取样品的过程。入境植物、植物产品的现场检疫一般在卸货前及卸货时进行。检疫人员按照下列规定实施现场检疫：

1. 植物、植物产品：检查货物、包装物及运输工具上有无病、虫、杂草、土壤，并按规定采取样品。

2. 包装、铺垫材料：检查是否携带病、虫、杂草籽、粘带土壤，并采取样品。

3. 其他检疫物：检查包装是否完好是否被病虫污染。需实验室检验的货物，样品移送实验室作进一步检验。现场检疫是实验室检疫的基础，现场采集的检疫样品是否合理是影响实验室检疫结果准确性的主要因素之一。因此，现场检疫一定要仔细，抽取的样品要有代表性。经检疫发现病虫害并有扩散可能的，即对该批货物、运输工具和装卸现场采取必要的防疫措施。

现场检疫要根据入境货物不同类别及装载情况采取不同的检疫方法。

（资料来源：《报检员完全手册》，第166页。）

第三节

入境食品的报检

一、入境食品的报检范围

属于法定检验的进口食品包括食品、食品添加剂、食品容器、食品包装容器、食品包装材料和食品用工具和设备等。

我国《食品安全法》对食品和食品添加剂的定义为：食品是指各种供人食用或者饮用的成品和原料以及按照传统既是食品又是药品的物品，但是不包括以治疗为目的的物品。食品添加剂是指为改善食品品质和色、香、味以及为防腐、保鲜和加工工艺的需要而加入食品中的人工合成或者天然物质。

二、入境食品的报检程序

1. 进口预包装食品的经营者或其代理人，在进口食品前应当向指定的检验检疫机构提出食品标签审核申请。申请食品标签审核时，除提供申请书等有关证明文件外，还须提供相应的检测样品。经审核符合要求的食品标签，由国家质检总局颁发进口食品标签审核证书。进口食品的报检人在办理报检手续时，必须提供进口食品标签审核证书或标签审核受理证明，否则检验检疫机构不受理报检。

2. 凡以保健食品名义报检的进口食品必须报卫生部审批合格后方准进口。凡取得保健食品批号的进口保健食品，在进口时须增做功能性复核实验项目，否则一律不予签发卫生证书。

三、办理进口食品报检时应提供的单证

1. 报检人按规定填写“入境货物报检单”，提供相关外贸单据：合同、发票、装箱单、提（运）单等。

2. 进口食品原产地证书。

3. 预包装食品应提供进口食品标签审核证书或标签审核受理证明。

4. 输出国使用的农药、化肥、除草剂、熏蒸剂及生产食品的原料、添加剂、加工方法等有关资料及标准。

四、办理进口食品的换证程序

1. 进口食品经营企业（指进口食品的批发、零售商）在批发、零售进口食品时应持有当地检验检疫机构签发的进口食品卫生证书。

2. 进口食品在口岸检验合格取得卫生证书后再转运内地销售时，进口食品经营企业应持口岸检验检疫机构签发的进口食品卫生证书正本或副本，到当地检验检疫机构换取卫生证。

3. 申请换证时应填写“入境货物报检单”，并在报检单合同的特殊条款以及其他要求一栏中注明需换领证书的份数。

相关链接

2008 年，上海、四川等出入境检验检疫机构在入境口岸例行检查中，从多种欧洲输华食品中相继检出质量安全问题，各地出入境检验检疫机构已依法对所有批次的问题产品，在入境口岸采取退货、销毁等禁止进口处理措施。

这些问题包括：意大利白兰地酒甲醇超标、英国调味酱山梨酸超标、荷兰大豆蛋白粉检出转基因成分、西班牙奶制品苯甲酸超标、比利时巧克力制品柠檬黄、亮蓝、喹啉黄超标以及果酱山梨酸超标等。

质检总局有关部门负责人表示，按照中欧双方业已建立的食品安全合作机制，中方已向欧方通报了有关详细信息，并提出愿就食品安全问题与欧方开展进一步交流合作。

同时为保护消费者健康，质检总局已于 12 月 6 日采取预防性保护措施，向各级出入境检验检疫机构发出警示通报：自 6 日起，对来自欧盟国家的上述产品采取风险预警措施，实施为期 90 天的相关卫生安全项目加严检测，并在随后对此进行评估，以决定是否采取进一步的措施。

（资料来源：人民网时政频道 http：//politics. people. com. cn/。）

第四节
入境化妆品的报检

一、入境化妆品报检的范围

国家质检总局对进出口化妆品实施分级监督检验管理制度，制定、调整并公布了《进出口化妆品分级管理类目表》。这里的化妆品是指以涂、擦、散布于人体表面任何部位（皮肤、毛发、指甲、口唇等）或口腔黏膜，以达到清洁、护肤、美容和修饰目的的产品。其中包括：

1. 列入《检验检疫商品目录》的化妆品。
2. 其他法律、法规规定须由检验检疫机构实施检验的化妆品。
3. 国际条约、双边协议要求检验的化妆品。

二、入境化妆品的报检要求

1. 进口化妆品必须经过标签审核，取得进出口化妆品标签审核证书或标签审核受理证明后方可报检。

2. 国家质检总局对进出口化妆品实施分级监督检验管理制度。进口化妆品实施检验的项目包括：化妆品的标签、数量、重量、规格、包装、标记以及品质、卫生等。国家质检总局按照品牌、品种将进出口化妆品的监督检验分为放宽级和正常级，并根据日常监督检验结果，动态公布《进出口化妆品分级管理类目表》；检验检疫机构对10%报检批次的放宽级化妆品实施全项目检验，其余报检批次的仅检验标签、数量、重量、规格、包装、标记等项目；对所有报检批次的正常级化妆品均实施全项目检验。

3. 检验检疫机构对进口化妆品及其生产企业实施卫生质量许可制度等监督管理措施。

4. 进口化妆品经营单位应到本地检验检疫机构登记备案。

5. 经检验合格的进口化妆品，必须在检验检疫机构监督下加贴检验检疫标志。

6. 检验后续管理。

（1）进口化妆品经检验合格的，由检验检疫机构出具合格单证，并对进口化妆品监督加贴检验检疫标志。

（2）进口化妆品经检验不合格的，由检验检疫机构出具不合格单证。其中安全卫生指标不合格的，应在检验检疫机构监督下进行销毁或退货；其他项目不合格的，必须在检验检疫机构监督下进行技术处理，经重新检验合格后，方可销售、使用或出口；不能进行技术处理或者经技术处理后重新检验仍不合格的，应责令销毁或退货。

（3）发现未经检验检疫机构检验的、未加贴或者盗用检验检疫标志及无中文标签的进口化妆品，可依法采取封存、补检等措施。

相关链接

进出口化妆品分级管理类目表

《进出口化妆品分级管理类目表》是由国家质检总局定期组织专家组对进出口化妆品进行等级评审，按照品牌、品种将进出口化妆品的监督检验分为放宽级和正常级，并根据日常监督检验结果所制定并公布的。

专家组根据以下资料对进出口化妆品进行等级评审：

(1) 化妆品生产经营企业自我声明的自律资料；

(2) 化妆品通过国家检验检疫局标签审核的证明资料；

(3) 化妆品使用的色素资料及安全评价资料；

(4) 化妆品生产企业获得国际有关机构认可的证明资料；

(5) 化妆品生产企业获得所在国（地区）官方卫生许可的证明资料；

(6) 化妆品经营企业获得认证评审机构签发的 GMP、HACCP、ISO9000 系列及 ISO14000 证书的有关资料；

(7) 同一品牌、同一品种的化妆品在最近半年内不少于 4 批的进出口检验合格率达 100% 的证明资料。

经专家组评审，对资料内容齐全、真实可靠，化妆品质量稳定，符合安全卫生要求的，评定为放宽级化妆品；其余评定为正常级化妆品。

（资料来源：国家质检总局网站 http：//www. aqsiq. gov. cn/。）

三、入境化妆品报检时应提供的单据

1. 报检人按规定填写入境货物报检单，并提供相关外贸单据：合同、发票、装箱单、提（运）单等。

2. 报检时还应提供进出口化妆品标签审核证书或变迁审核受理证明。

3. 从发生疯牛病的国家或地区进口化妆品，有关进口商必须向口岸出入境检验检疫机构提供输出国或地区官方出具的动物检疫证书，说明该化妆品不含有牛、羊的脑及神经组织、内脏、胎盘和血液（含提取物）等动物性原料成分。

(1) 从法国进口的化妆品还须提供以下资料：

①进口不含任何牛羊动物源性原料成分的化妆品（A 类产品）时，须提供法国香水美容化妆品工业联合会化妆品证书（格式一）；

②进口含有牛羊动物源性原料成分的化妆品（B 类产品）时，须提供法国香水美容化妆品工业联合会化妆品证书（格式二）及适应的牛羊动物源性原料（含提取物）的风险分析报告和加工工艺等相关材料（同一国家的产品在同一口岸报检时，相同原料的风险分析报告可只提供一次）。

(2) 从以色列进口的化妆品还须提供以下资料：

①进口不含任何牛羊动物源性原料成分的化妆品（A 类产品）时，须提供以色列卫生部药品管理局化妆品证书（格式一）；

②进口含有非禁用的牛羊动物源性原料成分的化妆品（B 类产品）时，须提供以色

列卫生部药品管理局化妆品证书（格式二）及使用的牛羊动物源性原料（含提取物）的风险分析报告和加工工艺等相关材料（同一国家的产品在同一口岸报检时，相同原料的风险分析报告可只提供一次）。

（3）从日本进口化妆品原料时须提供以下资料：

①进口含有非禁用的牛羊动物源性原料成分的化妆品原料时，须提供日本官方出具的检疫证书（格式一）和风险分析报告（相同原料的风险分析报告在同一口岸可只提供一次）；

②进口含非牛羊动物源性化妆品原料时，须提供官方出具的检疫证书（格式二）；

③进口非动物源性的化妆品原料时，出口国不出具证书，但要求生产厂商提供“非动物源性产品声明”。

第五节 入境机电产品的报检

入境机电产品（包括所有的旧机电产品）是指机械设备、电气设备、交通运输工具、电子产品、电器产品、仪器仪表、金属制品等及其零部件、元器件。对于重要的进口机电仪器类和大型的成套设备，收货人应依照合同在出口装运前派人进行预检、监造或监装。对重大进口设备或成套工程项目，检验机构应驻现场检验，参与检验方案、检验制度的制定，督促建设单位按照规定，严格把好质量关。此外，对于下列进口的机电产品还有特殊的报检要求。

一、强制性认证的机电产品

国家对涉及人类健康、动植物的生命和健康，以及环境保护和公共安全的产品实行强制性认证制度。凡列入《强制认证产品目录》内的商品，必须经过指定的认证机构认证合格、取得指定认证机构颁发的认证证书，并加施认证标志后，方可进口。

实施强制性产品认证商品的收货人或其代理人在报检时除填写“入境货物报检单”，并随附有关外贸证单外，还应提供认证证书复印件并在产品上加施认证标志。

二、强制性认证的民用机电商品

民用机电商品入境验证是指对国家实行强制性产品认证的民用商品，在通关入境时由检验检疫机构核查其是否取得必需的证明文件。

在《出入境检验检疫机构实施入境验证的进口商品目录》内检验检疫类别中，标有“L”标记的进口商品的收货人或其代理人，在办理进口报检时，应当提供有关进口许可的证明文件。口岸检验检疫机构对其认证文件进行验证，必要时对其货证的相符性以及认证标记进行查验。

三、入境旧机电产品的报检

（一）报检范围

所谓“旧机电产品”，是指已经使用过（包括翻新）的机电产品，如旧压力容器类、旧工程机械类、旧电器类、旧车船类、旧印刷机械类、旧食品机械类、旧农业机械类等。进口旧机电产品，进口单位需向国家质检总局或其授权机构申请办理进口检验。

根据《进口旧机电产品检验监督管理办法》，旧机电产品是指符合下列条件之一者：

1. 已经使用，仍具备基本功能和一定使用价值的机电产品。
2. 未经使用但存放时间过长，超过质量保证期的机电产品。
3. 未经使用但存放时间过长，部件产生明显有形损耗的机电产品。
4. 新旧部件混装的机电产品。
5. 大型二手成套设备。

（二）报检程序

国家根据需要，对涉及国家安全、环境保护、人类和动植物健康的旧机电产品实施装运前预检验和到货检验，并以到货检验结果为准；对其他进口旧机电产品实施到货检验。进口旧机电产品未经检验或者经检验不符合我国有关安全、卫生和环境保护等国家技术规范强制性要求的，不得销售、安装和使用。

1. 装运前预检验。进口旧机电产品的收货人或其代理人应当按照有关规定，进口前取得外经贸部门签发的证明文件，并在贸易合同或者协议生效之后、进口旧机电产品到货90日前，根据下列情况办理备案手续：

（1）进口旧机电产品由商务部外经贸部门机电办公室签发允许进口证明文件的，应当持证明文件到国家质检总局办理备案手续。需要进行装运前预检验的，由国家质检总局出具“进口旧机电产品装运前预检验备案书”；不需要进行装运前预检验的，由国家质检总局出具“进口旧机电产品免装运前预检验证明书”。

（2）进口旧机电产品由地方机电办公室签发允许进口证明文件的，应当持证明文件到所在地直属检验检疫局办理备案手续。需要进行装运前预检验的，由直属检验检疫局出具“进口旧机电产品装运前预检验备案书”；不需要进行装运前预检验的，由直属检验检疫局出具“进口旧机电产品免装运前预检验证明书”。

（3）根据有关规定，旧机电产品进口前不需要商务部外经贸部门签发进口证明文件的，进口旧机电产品的收货人或者其代理人应当到所在地直属检验检疫局备案。需要进行装运前预检验的，由直属检验检疫局出具“进口旧机电产品装运前预检验备案书”；不需要进行装运前预检验的，由直属检验检疫局出具“进口旧机电产品免装运前预检验证明书”。

2. 到货检验。进口旧机电产品运抵口岸后，收货人或其代理人应当持国家质检总局或直属检验检疫局出具的“进口旧机电产品免装运前预检验证明书”（正本）或者“进口旧机电产品装运前预检验备案书”和“旧机电产品装运前预检验证书”（正本）以及其他必要单证办理进口报检手续。旧机电产品进口前需取得商务部外经贸部门签发的证明文件，报检时应当同时提供允许进口的证明文件。检验检疫机构接受报检后，核查单证，签发“入境货物通关单”，并在“入境货物通关单”上注明为旧品，必要时实施查验。

相关链接

2006年8月，吴江局对从日本进口的2台电梯部件进行检验时发现，由于裸露的金属表面未涂防锈油，货物中4个导向轮的轴及轴承严重生锈、锈蚀，12个橡胶垫的金属螺纹有生锈现象。日本电梯经销商承认货物的残损是由于包装及防锈措施不当所致，但坚持认为电梯部件生锈对安装使用没有影响，不愿更换生锈电梯部件。检验人员认为，金属表面生锈、锈蚀后，对金属材料的机械强度和使用寿命有很大影响，存在极大的安全隐患，所以必须更换，供货商最终同意更换残损的零部件。

（资料来源：http：//www. ce. cn/cvsc/mass/zhxw/200704/30/。）

需异地实施检验的，入境口岸检验检疫机构签发“入境货物通关单”后，应当及时将“进口旧机电产品免装运前预检验证明书”（正本）或者“旧机电产品装运前预检验证书”（正本）、其他报检资料及“入境货物通关单”第三联寄送到货地检验检疫机构。入境口岸检验检疫机构应当将“进口旧机电产品免装运前预检验证明书”（正本）复印件或者“旧机电产品装运前预检验证书”（正本）复印件、其他报检资料复印件存档备查。

进口旧机电产品到达使用地6个工作日内，其收货人或代理人应当持有关报检资料向货物使用地检验检疫机构申报检验，货物使用地检验检疫机构应当及时安排检验。进口旧机电产品到货后的检验项目包括：开箱检验，安全、卫生、环境保护项目检验。

（1）开箱检验。包括核对旧机电产品的名称、品牌、规格型号、数量、新旧情况和包装情况。

（2）安全项目检验。按照国家有关机电产品电气安全和机械安全的强制性标准实施检验，检查机件安全状况是否良好、操作功能是否正常、电气系统是否灵敏可靠、防护装置是否安全可靠等。

（3）环境保护项目检验。按照国家有关环境保护的国家技术规范强制性要求实施检验，对货物进行辐射检测，检查有无漏水、漏油、附着或者夹带污物、泥土、超标准排烟及噪音超标准等。

四、入境电池产品的报检

为加强电池产品汞污染的防治工作，保护和改善我国生态环境，原中国轻工总会等9个国务院原部委局联合下发了《发布〈关于限制电池产品汞含量的规定〉的通知》。通知规定自2001年1月1日起，进出口电池产品汞含量由检验检疫机构实施强制检验。

（一）入境电池产品的备案和汞含量检测

入境电池产品的备案申请人（制造商、进口商或进口代理商等）在电池产品进口前应当向有关检验检疫机构申请备案。进口电池产品备案时应提交以下文件并填写“进口电池产品备案申请表”。

1. 法定代表人授权经办人员办理备案的委托授权书。
2. 进口电池产品的进口商或进口代理商、出口电池产品制造商的“企业法人营业执照”（复印件）。
3. 进口电池产品制造商对其产品汞含量符合中国法律法规的声明。

4. 电池制造商对电池产品的结构、电化学体系、品牌、规格型号、产地、外观及标记的文字说明。

5. 检验检疫机构要求提供的其他资料。

检验检疫机构受理备案申请后，对进口电池产品是否属含汞电池产品进行审核。经审核，对不含汞的电池产品，可直接签发“进口电池产品备案书”，对含汞的以及必须通过检测才能确定其是否含汞的电池产品，须进行汞含量专项检测。

汞含量检测合格的，由“汞含量检测实验室”出具“电池产品汞含量检测合格确认书”，受理备案申请的检验检疫机构凭“汞含量检测实验室”出具的“确认书”（正本）审核并签发含汞电池产品“进口电池产品备案书”，其有效期为一年。

相关链接

检验检疫机构对进口含汞电池产品的检验内容

1. 根据《进口电池产品备案书》的内容核查品牌、规格型号、产地等是否货证相符。

2. 核查进口电池产品单体外表汞含量标注。

3. 必要时可抽样送“汞含量检测实验室”进行汞含量抽查检测。

4. 同一品牌、规格型号、产地的电池产品每年必须进行汞含量抽查检测 1 ~2 次。

（二）入境电池产品的检验

进口电池产品报检时除按《出入境检验检疫报检规定》办理外，还须提供检验检疫机构签发的“进口电池产品备案书”（正本）或其复印件；未列入《出入境检验检疫机构实施检验检疫的进出境商品目录》的不含汞进口电池产品可凭“进口电池产品备案书”或其复印件申报放行，不实施检验；含汞电池产品按规定实施汞含量检验。

第六节 入境木质包装的报检

一、入境木质包装的报检范围

输入中国货物的木质包装属于法定检验的木质包装。货物木质包装是指用于承载、包装、铺垫、支撑、加固货物的木质材料，如木板箱、木条箱、木托盘、木框、木桶、木轴、木楔、垫木、衬木等。胶合板、纤维板等人造板材除外。

二、入境木质包装的报检程序

入境货物使用木质包装的，应当在输出国家或者地区政府检疫主管部门监督下按照《国际植物保护公约》（以下简称“IPPC”）的要求进行除害处理，并加施 IPPC 专用标识。除害处理方法和专用标识应当符合国家质检总局公布的检疫除害处理方法和标识要求。货主或其代理人应当向检验检疫机构报检。

相关链接

IPPC 是《国际植物保护公约》（International Plant Protection Convention）的简称。在进出口货物的木质包装上要加盖 IPPC 的专用标识，否则，会被当地海关要求退货。

木质包装上加盖 IPPC 标识目的是确保全球农业安全，并采取有效措施防止有害生物随植物和植物产品传播和扩散，促进有害生物控制措施。由于认识到 IPPC 在植物卫生方面所起的重要作用，WTO/SPS 协议规定 IPPC 为影响贸易的植物卫生国际标准（植物检疫措施国际标准，ISPMs）的制定机构，并在植物卫生领域起着重要的协调一致的作用。

2002 年 3 月，IPPC 为有效控制木质包装传带有害生物，制定了国际贸易中的《木质包装材料管理准则》。我国从 2006 年起开始执行这一国际标准。入境木质包装无 IPPC 标识或 IPPC 标识不符合要求，货物将被责令退运出境。

（资料来源：http：//baike. baidu. com/view/816778. htm。）

检验检疫机构对木质包装违规情况严重的，在报经国家质检总局批准同意后，监督货主或者其代理人将货物作退运处理。

需要将货物运往指定地点实施检疫或者除害处理的，货主或其代理人应当按照检验检疫机构的要求，采取必要的防止疫情扩散的措施。集装箱装运的货物，应当在检验检疫人员的监督下开启箱门，以防有害生物传播扩散。

需要实施木质包装检疫的货物，除特殊情况外，未经检验检疫机构许可，不得擅自卸离运输工具和运递及拆除、遗弃木质包装。

来自中国香港、澳门特别行政区（以下简称“港澳地区”）和中国台湾地区的货物使用木质包装的，参照《进境货物木质包装检疫监督管理办法》规定执行。

经港澳地区中转进境的货物使用木质包装，货主或其代理人可以申请国家质检总局认定的港澳地区检验机构实施除害处理并加施 IPPC 标识或者出具证明文件，入境时，检验检疫机构按照《进境货物木质包装检疫监督管理办法》的规定进行抽查或者检疫。

为便利通关，对于经港澳地区中转进境未使用木质包装的货物，货主或其代理人可以向国家质检总局认定的港澳地区检验机构申请对未使用木质包装情况进行确认并出具证明文件。入境时，检验检疫机构审核证明文件，不再检查木质包装，必要时可以进行抽查。

对来自美国、日本、韩国和欧盟的货物（不论是否列入《检验检疫商品目录》）和入境货物的木质包装，在入境口岸清关的，货主或其代理人凭入境口岸检验检疫机构签发的入境货物通关单向口岸海关办理通关手续。申请转送运输或直通式转关运输的货物，货主或其代理人应按规定向指运地检验检疫机构报检，凭指运地检验检疫机构签发的入境货物通关单向指运地海关办理通关手续。

三、入境木质包装报检时应提供的单据

1. 美国、日本输往中国的货物，根据货物的包装情况，货主或其代理人按如下规定

向出入境检验检疫机构提供有关证书或声明：

（1）使用针叶树木质包装的，提供由美国、日本官方检疫部门出具的符合要求的植物检疫证书。

（2）使用非针叶树木质包装的，提供由出口商出具的“使用非针叶树木质包装声明”。

（3）未使用木质包装的，提供由出口商出具的“无木质包装声明”。

凡未提供有效植物检疫证书或有关声明的，检验检疫机构不予受理报检。

相关链接

2009年9月，上饶检验检疫局工作人员在对4批来自日本的进口机械设备进行查验时，发现货物木质包装虽然加盖了IPPC的标识，但比较潮湿，有蓝变、霉变现象，经取样送江西检验检疫局技术中心检测后发现，该木质包装中存在大量活体线虫，鉴定为小杆线虫及滑刃线虫。

小杆线虫为我国严禁入境的二类有害生物。通常出现在污水及腐败的植物中，不但对寄生植物引起危害，还可侵入人体，寄生在消化系统和泌尿系统，引起艾氏小杆线虫病。滑刃线虫是严重危害植物的一类病原体，许多重要的病害都是因滑刃线虫寄生后引起的，如水稻干尖滑刃线虫造成水稻植株矮小，稻粒秕粒多，造成严重减产。

随后，上饶检验检疫局已对该批货物的木质包装进行了焚烧销毁处理，从源头上消除了隐患。检验检疫人员向企业介绍了我国入境货物木包装的相关规定，要求进口企业立即告知外方，今后在发运设备前，一定要对木质包装采取严格处理措施，确保不携带任何疫病疫情。

（资料来源：国家质检总局网站 http：//www. aqsiq. gov. cn/。）

2. 韩国输往中国的货物，应避免使用针叶树木制作木质包装。

（1）使用针叶树木制作木质包装的，需在出口前进行热处理，或经中方认可的其他有效除害处理，并由韩国官方检疫部门出具植物检疫证书证明进行了上述处理。入境时，货主或其代理人按有关规定向入境检验检疫机构报检时须提交官方检疫部门出具的符合要求的植物检疫证书。

（2）使用非针叶树木制作木质包装的，货主或其代理人应向检验检疫机构提供出口商出具的“使用非针叶树木质包装声明”。

（3）未使用木质包装的，提供出口商出具的“无木质包装声明”。

3. 欧盟输往中国的货物，入境报检时应提供以下证书和声明：

（1）使用木质包装的货物，报检人应提供由欧盟官方检疫部门出具的符合要求的植物检疫证书。

（2）无木质包装的货物，报检人应提供由出口商出具的“无木质包装声明”。

4. 来自其他国家应实施检疫的货物的木质包装，在报检时应提供我国要求提供的证单，如植物检疫证书或热处理证书等。

第七节
入境展览品的报检

随着世界经济的融合发展，我国承办了越来越多的国际性大型商品展销会。来自世界各地的产品汇聚中国，这些产品与其他进境产品不同的是，它们在展销会结束后将离开中国国境，不会在我国进行销售和交易。尽管如此，出于对自然环境和经济环境的保护，我国海关与检验检疫机构对这些商品也要进行严格的监管。对入境展览品的通关，要求通关迅速，同时也要防止疫病的传入，对我国海关和检验检疫机构来讲具有一定的特殊性。

一、入境展览品的报检范围

参加国际展览的入境展览品以及包装材料、运输工具均应实施检验检疫。这些展览品主要包括：

1. 在展览会中展示或示范的货物、物品。
2. 为示范展出的机器或器具所需用的物品。
3. 展览者设置临时展台的建筑材料及装饰材料。
4. 供展览品做示范宣传用的电影片、幻灯片、录像带、录音带、说明书、广告等。

二、入境展览品的报检要求

展览品属海关同意的暂时进口物品，进口时免领进口许可证、免缴进口关税和其他税费。进口展览品应当接受海关监管。

（一）入境前的报检工作

1. 接待来华举办展览会的单位，应当将有关的批准文件，事先抄送展出地海关，并向展出地海关办理备案手续。

2. 海关派员进驻展览场所执行监管任务时，展览会的主办单位或承办单位应当提供办公场所和必需的办公设备，并向海关支付规费。

3. 展览品入境时，展览会主办单位、参展商或其代理人，应向海关提供担保。担保形式可为相当于税款金额的保证金、银行或其他金融机构的担保书，以及经海关认可的其他方式担保。

4. 展览会的主办单位或其代理人应在展出地海关办理展览品进口申报手续。从非展出地海关进口的展览品，应当在进境地海关办理转关手续。主办单位或其代理人申报进口展览品时，应向海关提交展览品清单，清单内容应填写完整、准确，并译成中文。

5. 展览品中如果有根据我国有关法律、法规受到进口限制的物品，主办单位或其代理人应当按照有关规定办理检验或批准手续。

6. 展览会主办单位或其代理人应当于展览品开箱前通知海关，以备海关到场查验。

海关对展览品进行查验时，展览品所有人或其代理人应当在场，并负责搬移、开拆、重新封货包装等协助查验工作。

7. 展览会期间展出或使用的印刷品、音像制品及其他海关认为需要审查的物品，应经过海关审查同意后，方能展出或使用。

（二）展览中的工作

1. 展览品自进境之日起6个月内必须复运出境。如需延长复运出境期限应报经主管海关批准，延长期限最长不超过6个月。举办为期半年以上的展览会，应由主办单位或其代理人事先报海关总署审核。

2. 未经海关许可，展览品不得移出展览品监管场所，因故需要移出的，应当报经海关核准。

3. 展览会闭幕后，展览会主办单位或其代理人应及时向展出地主管海关交验展览品核销清单一份。对于未及时退运出境的展览品，应存放在海关指定的监管场所或监管仓库，并接受海关监管。

4. 对于转为正式进口的展览品，海关按照有关规定办理进口手续。展览会主办单位应及时向海关办理转为正式进口的展览品进口结关手续，负责向海关缴纳参展商或其代理人拖欠未缴的各项税费。

（三）展览后的工作

展览会结束后，应向展出地海关办理海关核销手续。展览品实际复运出境时，展览会的主办单位或其代理人应向海关递交有关的核销清单和运输单据，办理展览品出境手续。

对需要运至其他设关地点复运出境的展览品，经海关同意后，按照海关对转关运输的有关规定办理转关手续。

三、入境展览品报检时应提供的单据

1. 报检时，应填写入境货物报检单，并提供外贸合同、发票、提（运）单等有关证单。

2. 来自美国、日本、欧盟和韩国的展览物品入境时，报检人须按有关规定提交相应证书或声明。

3. 入境展览物为旧机电产品的，应按旧机电产品备案手续办理相关证明。

第八节

入境运输工具、集装箱的报检

为加强入境集装箱检验检疫管理工作，根据我国《进出口商品检验法》、《进出境动植物检疫法》、《国境卫生检疫法》、《食品安全法》及有关法律法规的规定，制定了入境

运输工具、集装箱的检验检疫办法。

一、入境运输工具的报检

（一）报检范围

1. 来自动植物疫区的船舶、飞机、火车；入境的车辆、入境供拆船用废旧船舶。

2. 装载入境动物的运输工具；装载过境的动植物、动植物产品和其他检疫物的运输工具等。

（二）检验检疫

根据《国境卫生检疫法》和《进出境动植物检疫法》的规定，对出入境的运输工具（主要指船舶、航空器、列车和汽车等车辆），均应依法接受口岸检验检疫机构检疫；出入境检验检疫机构对运输工具实施检疫时有权登船、登机、登车查验，任何单位或个人不得以任何形式阻止检验检疫人员登船、登机、登车实施检疫。

二、入境集装箱的报检

（一）报检范围

1. 所有入境集装箱应实施卫生检疫。

2. 来自动植物疫区的，装载动植物、动植物产品和其他检验检疫物的，以及箱内带有植物性包装物或铺垫材料的集装箱，应实施动植物检疫。

3. 法律、法规、国际条约规定或贸易合同约定的其他应当实施检验检疫的集装箱。

（二）报检程序

集装箱进境前、进境时或过境时，承运人、货主或其代理人（以下简称“报检人”），必须向检验检疫机构报检。检验检疫机构按照有关规定对报检集装箱实施检验检疫。过境应检集装箱，由进境口岸检验检疫机构实施查验。

进境集装箱报检人应当在办理海关手续前向进境口岸检验检疫机构报检，未经检验检疫机构许可，不得提运或拆箱。

（三）检验检疫要求及检验方法

1. 集装箱检疫要求：

（1）集装箱箱体表面标有集装箱所用裸露木材已按照有关规定进行免疫处理的免疫牌（标识）。

（2）集装箱未携带啮齿动物及蚊、蝇、蟑螂等病媒昆虫。

（3）集装箱未被人类传染病和国家公布的一、二类动物传染病、寄生虫病病原体污染。

（4）集装箱未携带土壤、动物尸体、动植物残留物。

（5）集装箱未携带植物危险性病、虫、杂草以及其他有害生物。

2. 集装箱检验方法：

（1）箱体外表检疫查验。以目视方法核查集装箱箱号，查看集装箱箱体是否完整；检查集装箱箱体是否有免疫牌；检查集装箱外表是否带有土壤、非洲大蜗牛等。携带土壤的，清除土壤并进行卫生除害处理。

(2) 箱内检疫查验。检查箱内有无啮齿动物、病媒昆虫或其粪便、足迹、咬痕、巢穴以及其他有害生物等，若有要采样；检查箱内有无植物危险性病、虫、杂草、土壤、动物尸体、动植物残留物等，若有要采样并进行卫生除害处理；检查箱内有无可能被病原微生物或生化蝇子污染，如发现，采样送实验室检验，并作消毒处理。

三、卫生除害处理

(一) 进出境集装箱的卫生除害处理

进出境集装箱有下列情况之一的，应当作卫生除害处理：

1. 来自检疫传染病或监测传染病疫区的；
2. 被传染病污染的或可能传播检疫传染病的；
3. 携带有与人类健康有关的病媒昆虫或啮齿动物的；
4. 检疫发现有国家公布的一、二类动物传染病、寄生虫病名录及植物危险性病、虫、杂草名录中所列病虫害和对农、林、牧、渔业有严重危险的其他病虫害的，发现超过规定标准的一般性病虫害的；
5. 装载废旧物品或腐败变质有碍公共卫生物品的；
6. 装载尸体、棺柩、骨灰等特殊物品的；
7. 输入国家或地区要求作卫生除害处理的；
8. 国家法律、行政法规或国际条约规定必须作卫生除害处理的。

对集装箱及其所载货物实施卫生除害处理时应当避免造成不必要的损害。用于集装箱卫生除害处理的方法、药物须经国家检验检疫局认可。

(二) 对运输工具的卫生除害处理

1. 来自动植物疫区的船舶、飞机、火车，经检疫发现有禁止进境的动植物、动植物产品和其他检疫物的，口岸出入境检验检疫机构必须进行封存或者销毁处理。

2. 装载动物的运输工具抵达口岸时，口岸出入境检验检疫机构应当采取现场预防措施，对上下运输工具或者接近动物的人员、装载动物的运输工具和被污染的场地作防疫消毒处理。

3. 船舶的入境检疫，必须在港口的检疫锚地或者经检验检疫机关同意的指定地点实施。船舶在入境检疫时应向口岸检验检疫机构提供的资料为：航海健康申报书，船舶除鼠或免予除鼠证书，食品、饮用水、压舱水清单，预防接种证书和健康证书。目前船舶在入境检疫采取的方式可分为锚地检疫、随航检疫、码头泊位检疫、电讯检疫。

4. 对来自动植物疫区的船舶、飞机、火车等，无论是否装载动植物、动植物产品和其他检疫物，在入境口岸均应实施动植物检疫。

相关链接

卫生除害处理

卫生除害处理指隔离、留验和就地诊疗等医学措施，以及消毒、除鼠、除虫等卫生措施。检验检疫机构对出入境的交通工具、人员、集装箱、尸体、骸骨以及可能传播检疫传染病的行李、货物、邮包等实施检疫查验、传染病监测、卫生监督、卫生处理。

5. 入境的车辆，包括机动车和非机动车，不论是否来自动植物疫区，均在入境口岸由动植物检疫机构作防疫消毒处理。

第九节

入境人员携带物、邮寄物、快件检验检疫

一、旅客携带物检验检疫申报

（一）旅客携带物检验检疫的范围及地点

旅客携带物检验检疫是指检验检疫机构对出入境的旅客（包括交通员工和享有外交、领事特权与豁免权的人员）携带或所搭乘的车、船、航空器等交通工具托运的特殊物品（包括微生物、人体组织、生物制品、血液及其制品）、骸骨、骨灰、废旧物品和可能传播传染病的物品、动植物及其产品和其他检疫物，在对外开放的港口、机场、车站和边境通道等场所实施的检验检疫。

入境人员携带下列物品，应当向出入境检验检疫机构申报并接受检疫；未经申报和检疫的，禁止入境或者出境：

1. 入境动植物、动植物产品及其他检疫物。

2. 入境的微生物、人体组织、生物制品、血液及血液制品等特殊物品（以下简称特殊物品）。

3. 入境的骸骨、骨灰及尸体、棺柩等。

4. 来自疫区、被传染病污染或者可能传播传染病的入境行李和物品。

5. 其他应当向出入境检验检疫机构申报并接受检疫的携带物。

6. 禁止携带我国《进出境动植物检疫法》第五条第一款、《进境植物检疫禁止进境物名录》、《禁止携带、邮寄进境的动物、动物产品及其他检疫物名录》所列各物，国家明文规定禁止进境的血液制品、废旧物品以及其他有关禁止进境物入境。

7. 经检验检疫机构检疫，发现携带物存在检疫风险的，应当按照有关规定启动风险预警及快速反应程序。

旅客携带物检验检疫工作主要在海关旅客检查厅或边境关卡执行，以现场检疫为主，其他检疫手段为辅。

（二）旅客携带物检疫审批的规定

1. 携带用于人体的特殊物品入境，必须事先向入境口岸所在地的直属检验检疫局申请办理检疫审批。

2. 携带植物种子、种苗及其他繁殖材料入境的，必须事先提出申请，办理检疫审批手续。因特殊情况无法事先办理的，应当限期在口岸补办检疫审批手续并在入境口岸所在

地直属检验检疫局备案。

3. 因科学研究等特殊需要携带禁止携带入境物，必须提前向国家质检总局或相关行政主管部门申请办理检疫特许审批。

携带上述所列检疫物品入境的，入境前必须如实填写“进境旅客行李物品申报单”，主动向口岸检验检疫机构申报。

（三）旅客携带物检疫程序

1. 受理申报的口岸检验检疫机构对所申报的内容和相关材料进行物证审核。对于国家规定允许携带并且数量在合理范围之内的携带物经现场检疫未发现病虫害的，随检随放，不签发单证；现场检疫不能得出结果的，需要截留作实验室检验以及现场检疫认为必须做除害处理的，则作截留处理，签发“入境人员携带物留检/处理凭证”交给物主，经检疫合格或除害处理后放行，通知物主领回；对未能提供相关有效单证而暂时截留的携带物，入境人员应当在截留期限内补交相关有效单证，经检验检疫机构检疫合格的，予以检疫放行，出入境人员凭“入境人员携带物留检/处理凭证”在暂时截留期限内领取，截留期不超过 30 天，截留期间内的存储费用由入境人员自行承担。

2. 入境人员携带的特殊物品，经检验检疫合格后予以放行；骸骨、骨灰经检疫合格后签发入境移运许可证或入境许可证予以放行；不合格者则作卫生处理或予以退回。

3. 口岸检验检疫机构对携带入境的动物及其产品和其他检疫物，经检疫合格或除害处理后合格的，予以放行；不合格又无有效办法处理或经除害处理后不合格的，作退回或者销毁处理，并签发“入境人员携带物留检/处理凭证”。

4. 携带国家禁止携带入境的入境物，作退回或者销毁处理。

（四）旅客携带物检疫处理方式

1. 除害处理。携带物有下列情况之一的，实施卫生除害处理：

（1）入境动植物、动植物产品和其他检疫物发现有规定病虫害的；

（2）入境尸体、骸骨不符合卫生要求的；

（3）入境的行李和物品来自传染病疫区、被传染病污染或者可能传播传染病的；

（4）其他应当实施卫生除害处理的。

2. 退回或销毁处理。携带物有下列情况之一的，予以限期退回或销毁处理：

（1）携带物与所提交单证不符的；

（2）旅客未能提供相关有效单证而暂时截留的携带物，在截留期限内未能有效处理的；

（3）携带物经检疫（包括现场检疫）不合格又无有效卫生除害处理方法的；

（4）入境动物超过限额的；

（5）法律法规规定禁止入境的；

（6）其他应当予以限期退回或销毁处理的。

3. 其他。对截留（包括暂时截留）后经检疫合格限期领取或者限期退回的携带物，逾期不领取或者入境人员书面声明自动放弃的，视同无人认领物，由检验检疫机构按照有关规定处理。

（五）报检时应提供的单证

1. 携带特殊物品入境申报时，须提供：（1）“入境特殊物品卫生检疫审批单”；（2）国家相关部门出具的准予出入证明；（3）有关传染病病原体检验单证。

2. 携带骸骨或骨灰报检，须提交：（1）境外公证机构出具的公证书；（2）死亡医学证明书；（3）入境许可证；（4）原墓葬地点证明等资料。

3. 携带或托运植物种子、苗木及其他植物繁殖材料入境申报，须提供：入境口岸直属检验检疫局备案的“引进种子、苗木检疫审批单”或“引进林木种子、苗木和其他繁殖材料检疫审批单”。

4. 携带应当办理检疫审批的动植物、动植物产品和必须办理动植物检疫特许审批的禁止进境物入境的，必须提供国家质检总局签发的“进境动植物检疫许可证”。

二、携带伴侣动物的报检

（一）主要规定

根据农业部和海关总署的《旅客携带伴侣动物的管理规定》，旅客携带伴侣犬、猫入境，每人限一只。旅客携带伴侣犬、猫入境，须向海关提供输出国（或地区）官方兽医检疫机关出具的检疫证书和狂犬病免疫证书进行申报，并由海关通知口岸检验检疫机构对旅客所携带的动物实施隔离检疫。没有上述证书者，不准携带入境。

（二）检验检疫程序

1. 口岸检验检疫机构在特定场所对有关伴侣犬、猫进行为期30天的隔离检疫，检疫合格的签发检疫证书，准予入境；不合格的由检验检疫机构按有关规定处理。

2. 隔离检疫期内有关伴侣动物的饲养管理由物主或由物主委托可由口岸检验检疫机构代理负责。检疫、饲养管理等所涉费用，由物主向检验检疫机构缴纳。

3. 对不能交验输出国（或地区）官方出具的检疫证书和狂犬病免疫证书或超出规定限量的，海关通知口岸检验检疫机构将有关犬、猫暂时扣留，并通知物主限期办理退运境外手续。逾期未办理或旅客自动放弃的，视同无人认领，由口岸检验检疫机构进行检疫处理。

（三）申报时需提交的证单

1. 输出国（或地区）官方兽医检疫机关出具的检疫证书。

2. 输出国（或地区）官方兽医检疫机关出具的狂犬病免疫证。

三、邮寄物检验检疫

邮寄物检验检疫是指口岸检验检疫机构对通过国际渠道（包括邮政部门、国际邮件快递公司和其他经营国际邮件的单位）运递的出入境动植物、动植物产品和其他检疫物实施的检验检疫。

（一）检验检疫的范围

1. 动植物、动植物产品及其他检疫物的国际邮寄物品。

2. 来自疫区的、被传染病病原体污染的或者可能成为传染病传播媒介的国际邮寄物品。

3. 微生物、人体组织、生物制品、血液及其制品等特殊物品的国际邮寄物。

4. 属于许可证制度管理或需加贴检验检疫标志方可入境物品的国际邮寄物品。

5. 其他法律、法规、国际规定需要实施检疫的国际邮寄物。

6. 可能引起恐怖的可疑国际邮寄物。

（二）审批手续

收件人需办理检疫审批手续的主要有以下邮寄物：

1. 因科研、教学等特殊原因，邮寄《禁止携带、邮寄进境的动物、动物产品和其他检疫物名录》和《进境植物检疫禁止进境名录》内的货物入境，收件人必须事先向国家质检总局申请办理特许审批手续。

2. 属于需要办理审批手续的入境邮寄植物产品，收件人应事先向入境口岸所在地直属检验检疫机构申请办理检疫审批手续。

3. 属于《进境植物检疫禁止入境名录》外的植物繁殖材料，收件人应事先向国务院农业或林业行政主管部门或各省、自治区、直辖市农业（林业）行政主管部门申请办理审批手续。办理审批手续后，须在进境口岸所在地直属检验检疫局备案。

4. 属于微生物、人体组织、生物制品、血液及其制品等特殊的邮寄物品，收件人或寄件人应向所在地直属检验检疫局办理检疫审批手续。

5. 因特殊情况，未事先办理审批手续的，收件人应向入境口岸所在地直属检验检疫局申请补办检疫审批手续。

（三）入境邮寄物检疫

1. 邮寄物入境后，邮政部门应向检验检疫机构提供入境邮寄物清单，由检验检疫人员实施现场检疫。现场检疫时，首先审核单证并对包装物进行检疫。需拆验时，由检验检疫人员和邮政部门工作人员双方共同拆包。如需作进一步检疫的邮寄物，由检验检疫人员封存，在向邮政部门办理交接会签手续后带回检验检疫机构，并通知收件人限期办理审批和报检手续。

2. 由国际邮件互换局直分到邮局营业厅的邮寄物，由邮局通知收件人限期到检验检疫机构办理检疫手续。对受理报检的入境邮寄物，均由检验检疫机构按有关规定进行检疫，入境邮寄物经检疫合格或经检疫处理合格的予以放行。

3. 检疫处理。

（1）现场检验检疫。进境邮寄物有下列情况之一，作现场检验检疫：① 来自非疫区的邮寄物或含不需提供检疫审批手续、实行许可证制度的邮寄物；② 进境邮寄物所使用或携带的木质包装物、铺垫材料，按入境货物运输包装的相关规定实施检验检疫。

（2）暂扣期处理。进境邮寄物有下列情况之一，作暂扣处理：① 来自疫区的邮寄物；② 含需提供检疫审批手续，实行许可证制度管理物品的邮寄物。邮寄物暂扣期不超过 45 天，特殊情况需要延长期限的应当告知邮政机构及收件人。

（3）卫生消毒处理。进境邮寄物有下列情况之一，作卫生消毒处理：① 来自疫区或者被传染病污染的邮寄物须实施卫生处理，并签发有关单证；② 对发现危险性有害生物，或一般性生活害虫且虫口密度较大的邮件，须进行除害处理，出具“检验检疫处理通知书”交收件人。

（4）退回或销毁处理。进境邮寄物有下列情况之一，作退回或销毁处理：① 国家质检总局公告中规定禁止邮寄进境的；② 证单不全的；③ 在限期内未办理检疫审批或报检手续的；④ 经检疫不合格又无有效处理方法的。

四、快件检验检疫

出入境快件指的是在特定时间内以快递的方式承运的出入境货物和物品。

（一）对入境快件的主要规定

1. 入境快件检疫范围：

（1）根据《进境动植物检疫法》及其《实施条例》和《国境卫生检疫法》及其《实施细则》，以及有关国际条约、双边协议规定应当实施动植物检疫和卫生检疫的动植物及其产品和其他检疫物；

（2）列入《出入境检验检疫机构实施检验检疫的进出境商品目录》内的；

（3）属于实施进口安全质量许可制度以及卫生注册登记制度管理的；

（4）其他有关法律法规规定应当实施检验检疫的。

2. 入境快件报检要求：

（1）快件运营人应按有关规定向检验检疫机构办理报检手续，凭检验检疫机构签发的通关单向海关办理报关；

（2）具备条件的快件运营人可以通过电子数据交换（EDI）的方式申请办理报检；

（3）快件运营人通过企业内部网络系统扫描的发票、装箱单、包装材料申明等文件视为有效；但输出国（或地区）签发的官方证书，以原件为准。

（二）入境快件的申报流程

1. 检验检疫工作人员利用计算机审核系统或人工审核相结合的方式，审核快件运营人在运输工具到达前通过电子数据交换（EDI）或人工方式提供给检验检疫部门的快件总清单，完成审单工作，并反馈相应的指令给快件运营人。

2. 入境快件到达海关监管区时，运营人应及时向所在地检验检疫机构办理报检手续。

3. 快件运营人、收货人或代理人把应施检快件凭分运单按照报检规定，通过电子报检方式向检验检疫机构办理报检手续。

（三）报检时应提供的单据

报检单、总运单、每一批快件的分运单、发票和有关审批单（指需要办理审批的快件）；向检验检疫机构提供其他有关文件。

1. 输入动植物、动植物产品、植物种子、种苗及其他繁殖材料的，应提供检疫审批许可证和检疫证明。

2. 因科研等特殊需要，输入禁止进境物的，应提供国家质检总局签发的特许审批证明。

3. 属于微生物、人体组织、生物制品、血液及其制品等特殊物品的，应提供有关部门的审批文件。

4. 属于实施进口安全质量许可证制度、出口质量许可证制度和卫生注册登记制度管理的，应提供有关证明。

5. 其他法律法规或者有关国际条约、双边协议有规定的，应提供相应的审批证明文件。

[复习思考题]

一、单选题

1. 某公司从法国进口一批瓶装葡萄酒，用小木箱包装，（　　）不是报检时应当提供的单据。

A. 进口食品标签审核证书　　B. 官方的检验检疫证书

C. 进境动植物检疫许可证　　D. 原产地证书

2. 办理从美国进口口香糖的报检手续时，无须提供的单据是（　　）。

A. 动植物检疫许可证　　B. 关于包装的声明或证书

C. 食品标签审核证书　　D. 原产地证书

3. 民用商品入境验证是指国家对实行（　　）的民用商品，在通关入境时由出入境检验检疫机构核查其是否取得必需的证明文件。

A. 备案登记制度　　B. 强制性产品认证

C. 入境检疫审批　　D. 进口质量许可制度

4. 来自美国、日本的货物使用非针叶树木质包装的，报检时应提供由（　　）出具的《使用非针叶树木质包装声明》。

A. 输出国官方机构　　B. 输出国的民间机构

C. 发货人　　D. 收货人

5. 装运经国家批准进口的废物原料的集装箱，应当由（　　）实施检验检疫。

A. 目的地检验检疫机构　　B. 进境口岸检验检疫机构

C. 指运地检验检疫机构　　D. 合同指定的检验检疫机构

6. 进口供拆船用的废旧钢船、入境修理的船舶以及我国淘汰的远洋废旧钢船，不论是否来自动植物疫区，一律由（　　）实施检疫。

A. 直属检验检疫机构　　B. 地方检疫部门

C. 当地环保部门　　D. 口岸检验检疫机构

二、多选题

1. 装载动植物、动植物产品的进出境集装箱必须实施（　　）。

A. 卫生检疫　　B. 动植物检疫

C. 适载鉴定　　D. 熏蒸消毒

2. 下列表述正确的是（　　）。

A. 所有进境集装箱应实施动植物检疫

B. 所有进境集装箱应实施卫生检疫

C. 所有出境集装箱应实施卫生检疫

D. 所有出境集装箱应实施适载检疫

3. 来自疫区的入境运输工具经检疫合格或经除害处理合格的，由口岸检验检疫机构根据不同情况，分别签发（　　）方能准予入境。

A. 运输工具检疫证书　　B. 运输工具检疫处理证书

C. 检验检疫处理通知书　　D. 交通工具卫生证书

4. 目前，船舶入境卫生检疫的检疫方式有（　　）。

A. 锚地检疫　　B. 随航检疫

C. 泊位检疫　　D. 电讯检疫

5. 装载过境动物的运输工具到达口岸时，口岸检验检疫机构对（　　）进行消毒。

A. 装载的动物　　B. 装载容器外表

C. 运送人员　　D. 运输工具

6. 从下列（　　）国家进口化妆品须提供专门格式的证书或声明。

A. 美国　　B. 法国　　C. 以色列　　D. 日本

三、判断题

1. 进口食品在口岸检验合格取得卫生证书后再转运内地销售的，还要到销售地检验检疫机构申请换证，并填写“入境货物报检单”。（　　）

2. 进口食品添加剂、食品包装材料、食品用工具设备都属于“进口食品”的报检范畴。（　　）

3. 按照传统既是食品又是药品，不以治疗为目的的进口物品，应按照申报食品报检。（　　）

4. “旧机电产品”指已经使用过的机电产品，但不包括已经翻新而尚未使用的机电产品。（　　）

5. 入境集装箱可随货物一起在报关后由目的地检验检疫机构实施检疫。（　　）

6. 进境供拆解用的废旧船舶，由口岸出入境检验检疫机构实施动植物检疫。（　　）

四、简答题

1. 入境动植物及其产品有哪些报检要求？

2. 进境集装箱报检的范围是什么？申报时应提交哪些单证？

3. 进口化妆品的报检有哪些程序？需要提交哪些单证？

4. 入境展览品的报检与其他入境商品的报检有什么不同？为什么？

五、案例分析题

经批准某地举行国际商品博览会。展品及与展出活动有关的其他物品，使用境外集装箱装载进境，经黄埔海关验放，由主办单位向展出地海关申报进口。展出期间，部分展品被境内单位购买。展出结束后，上述展览品除复运出境及已被留购的以外，因修建、布置展台等进口的一次性廉价物品被展览品所有人放弃；部分展品被展览品所有人赠送给境内与其有经贸往来的单位。

请根据上述案例，选择回答下列问题：

1. 下列哪些物品可按展览品申报进境：
   A. 参展商免费提供并在展出中免费散发的与展出活动有关的宣传印刷品、说明书、价目表等。
   B. 为配合展出，将在展览会上出售的小卖品。
   C. 为展出的机器或器具进行操作示范，并在示范过程中被消耗的物品。
   D. 展览会期间招待使用的含酒精饮料。
2. 进境展览品在办理进境海关手续时，主办单位应：
   A. 使用 ATA 单证册作为报关单据。
   B. 在展览品进口前，向海关提出暂时进境申请。
   C. 向海关提供担保。
   D. 在展出地海关申报进境。
3. 关于展览品和展览用品的进境许可证件管理，下列表述正确的是：
   A. 因不属实际进口，免予提交进口许可证件。
   B. 属于国家实行许可证件管理的，应当向海关交验相关证件，办理进口手续。
   C. 展览品，除另有规定外，免予提交进口许可证件；展览用品，属于国家实行许可证件管理的，应当向海关交验相关证件。
   D. 海关派员进驻展览场所执行监管的，进境展览品、展览用品免予提交进口许可证件，否则应当向海关交验相关证件。
4. 下列展览用品中在海关核定的合理范围内的，免征进口关税和进口环节税的是：
   A. 在展览活动中的小件样品，包括原装进口的或者在展览期间用进口的散装原料制成的食品或者饮料的样品。
   B. 为展出的机器或者器件进行操作示范被消耗或者损坏的物料。
   C. 布置、装饰临时展台消耗的低值货物。
   D. 展览用品中的酒精饮料、烟草制品及燃料。
5. 在展览期间和展览结束后，展览品的各种处置，应符合下列海关规定：
   A. 在展览期间，部分展品被境内单位购买的，由主办单位或其代理人向海关办理进口申报、纳税手续。
   B. 展览品所有人已申明放弃的一次性廉价物品，由海关变卖后将款项上缴国库。有境内单位接受的，应当向海关办理进口申报纳税手续。
   C. 展览品被其所有人赠送的，受赠人应当向海关办理进口手续，海关根据进口礼品或经贸往来的赠送品的规定办理。
   D. 展览品的各种处置如符合海关规定的，还需由主办单位向海关办理核销结关手续。

第五章 主要出境货物的报检

学习目标

学习目标：

- □ 了解出境货物检验检疫报检的基本内容
- □ 熟悉我国主要出境货物报检的基本规定及其注意事项
- □ 正确把握主要出境货物的检验检疫工作

技能要求：

- □ 学会处理主要出境货物报检事务

第一节 出境动物及动物产品的报检

我国是一个农业大国，畜禽、水产等养殖业在我国农业生产和外贸出口中占有举足轻重的地位，产品卫生质量的好坏在一定程度上直接影响我国养殖业和外贸的发展。特别是我国加入 WTO 后，境外国家和地区对我国出口的动物及动物产品提出了越来越高的检疫要求。为了规范检验检疫工作，国家质检总局先后颁布了动物及动物产品的检验检疫管理办法，各地检验检疫机构依照这些管理规定对动物及其产品实施了全程监管措施。

一、出境动物的报检

（一）报检范围

我国《进出境动植物检疫法》规定对出境的动物实施检疫。出境动物是指我国向境外国家或地区输出供食用、种养、养殖、观赏、演义、科研实验等用途的活动物，具体包括如畜、禽、兽、蛇、龟、鱼、虾、蟹、贝、蚕、蜂等。

相关链接

出境动物检疫的依据

出境动物检疫主要是根据不同国家及地区的不同要求来实施。双边协定中规定的检疫对象种类，一般少于签约国家（地区）规定的检疫对象种类，但是：

1. 双边协定优于国内法，凡是双边协定中规定的检疫对象，即使国内法中没有规定为检疫对象，仍必须作为检疫对象实施检疫。

2. 协定一方国家（地区）规定为检疫对象，但双边协定中没有被规定为检疫对象的，不能作为双方动植物出入境检疫对象，但协定中规定有相互尊重对方国家（地区）的法律规定除外。

3. 双边协定中另一方国家（地区）未规定动植物检疫对象的，中国向该国家（地区）出口检疫物时，适用双边协定中规定的检疫对象。

除了在双边协定中规定的检疫对象外，也可以在贸易合同中对检疫对象作出约定。

（二）报检时间和地点

出境动物的货主或其代理人在动物出境前，必须向口岸检验检疫机构报检。报检的时间、地点具体要求如下：

1. 需隔离检疫的出境动物，货主或其代理人应在出境前60天向启运地检验检疫机构预报检，隔离前7天向启运地检验检疫机构正式报检。

2. 出境观赏动物（观赏鱼除外），应在出境前30天到出境口岸检验检疫机构报检。

3. 出境野生捕捞水生动物的货主或其代理人应当在水生动物出境前3天向出境口岸检验检疫机构报检。

4. 出境养殖水生动物（包括观赏鱼）的货主或其代理人应当在水生动物出境前7天向注册登记养殖场、中转场所在地检验检疫机构报检。

（三）报检时应提供的单据

除规定填写“出境货物报检单”，并提供合同或销售确认书或信用证（以信用证方式结汇时提供）、发票、装箱单等有关外贸单证外，报检以下出境动物还应提供下列相应的单证：

1. 观赏动物，需提供贸易合同或展出合约、产地检疫证书。

2. 国家保护动物，需提供国家濒危物种进出口管理办公室出具的许可证。

3. 非屠宰用畜禽，需提供农牧部门出具的品种审批单。

4. 实验动物，需提供中国生物工程开发中心出具的审批单。

5. 实行检疫监督的，需提供生产企业的输出动物检疫许可证。

6. 出境野生捕捞水生动物的，应提供下列单据：

（1）所在地县级以上渔业主管部门出具的捕捞船舶登记证和捕捞许可证；

（2）捕捞渔船与出口企业的供货协议；

（3）检验检疫机构规定的其他单证。

进口国家或者地区对捕捞海域有特定要求的，报检时应当申明捕捞海域。

7. 出境养殖水生动物的，应当提供注册登记证（复印件）并交验原件。

（四）报检的规定及要求

1. 国家对出口动物实行生产企业注册制度。自 2008 年 4 月 1 日起所有出口的动物都必须来自经检验检疫机构注册的生产加工企业。

2. 出境水生动物的其他规定：

（1）除捕捞后直接出口的野生捕捞水生动物外出境水生动物必须来自注册登记养殖场或者中转场。注册登记养殖场或者中转场应当保证其出境水生动物符合进口国或者地区的标准或者合同要求，并向出口商出具“出境水生动物供货证明”。

（2）中转场需凭注册登记养殖场出具的“出境水生动物供货证明”接收水生动物。

（3）出境水生动物凭产地检验检疫机构出具的动物卫生证书或“出境货物换证凭单”及检验检疫封识进入口岸中转场。在中转场内不得将不同来源的水生动物混合拼装。凡是在口岸中转场内改变包装的、出口前变更输入国家或地区的，或超过规定有效期的，必须重新向口岸检验检疫机构报检。

（五）检验检疫程序

检验检疫的程序一般包括注册登记、检疫监督管理、受理报检、隔离检疫和抽样检验、运输监管、离境口岸检验检疫等方面。

1. 注册登记。对出口动物的生产企业、饲养场、养殖场实施卫生注册登记备案制度。通过检验检疫机构的卫生注册，一方面可以对这些生产企业卫生条件进行评估和考核认可；另一方面通过检验检疫机构的监督管理和指导，可以规范和提高生产饲养场的防疫管理水平。

2. 检疫监督管理。《进出境动植物检疫法》及其《实施条例》授权检验检疫机构对出境动物的饲养过程实施检疫监督制度。其具体内容如下：

（1）检验检疫机构对注册饲养场应实行分类管理，定期或者不定期检查其动物卫生防疫制度的落实情况、动物卫生状况、饲料和药物的使用情况等，并且将检查结果填入注册饲养场管理手册。

（2）检验检疫机构对注册饲养场实施疫情检测。发现重大疫情时，必须立即采取紧急预防措施，并且必须在 12 小时内向国家质检总局报告。

（3）检验检疫机构对注册饲养场按国家有关部门发布的动物残留监控计划进行农药、兽药和其他有毒有害物质的检测工作。

（4）注册饲养场将本场的免疫程序报检验检疫机构备案，并严格按照规定的程序进行免疫。严禁使用国家禁止使用的疫苗。

（5）注册饲养场应当建立疫情报告制度。发现疫情或者疑似疫情时，必须及时采取紧急预防措施，并且必须在 12 小时内向所在地检验检疫机构报告。

（6）注册饲养场不得饲喂和存放国家禁止使用的药物和动物促生长剂。对国家允许使用的药物和动物促生长剂，要遵守国家有关药物使用的规定，特别是停药期的规定，并且必须将所使用药物和动物促生长剂的名称、种类、使用时间、剂量、给药方式等填入管理手册。

（7）注册饲养场必须保持良好的环境卫生，切实做好日常防疫消毒工作，定期消毒饲养场地和饲养用具，定期杀虫、灭鼠等。进出注册饲养场地的人员、车辆和笼具必须严格消毒。

3. 报检。检验检疫机构受理报检后，应该对出口动物饲养注册登记号、出口公司备案资料、合同、信用证书、发票及其他必要的单证进行审核，经审核符合出境检验检疫报检规定的接受报检；否则，不予受理。

4. 隔离检疫和抽样检验。出口动物实施启运地隔离检疫和抽样检验、离境口岸作临床检查和必要复检的制度。输出动物，出境前需经隔离检疫的，必须在检验检疫机构指定的隔离场所实施检疫。

需隔离检疫的情况主要有：进口国要求隔离检疫的，检验检疫机构按照进口国的要求对出境动物进行隔离检疫；根据贸易合同的规定对出境动物进行隔离检疫的，按照合同约定进行检疫；在对出境动物进行检疫过程中发现传染病的，应对其同群健康动物实施隔离检疫；我国政府对出境动物有隔离检疫规定的，应按规定要求进行隔离检疫。

5. 运输监管。出境动物，经启运地检验检疫机构检验检疫合格的，从启运地运往出境口岸时，交通、铁路、民航等运输部门和邮电部门凭检验检疫机构签发的单证办理承运和邮递手续；从启运地运往出境口岸的过程中，国内其他部门不再检验检疫。

检验检疫机构对检验检疫合格的出境动物可以实行监装制度。监装时，应监督对装运动物的运输工具和装运场地进行消毒处理；出口动物运输途中所用的饲料、饲草等必须来自非疫区；确认待运动物是检验检疫合格的动物；核对出口动物品种和数量，确保货证相符。检验检疫机构认为必要时可派人员随同押运员一起，监督从启运地运往出境口岸的全过程，了解运输途中动物的健康状况，监督运输途中的防疫工作。

6. 离境口岸检验检疫。经启运地检验检疫机构检验检疫合格的出口动物运抵口岸后，由离境口岸检验检疫机构实施临床检查或者复检。

（1）离境申报：出口动物运抵出境口岸后，货主或其代理人应向离境口岸检验检疫机构申报，属于离境口岸检验检疫机构辖区内的出口动物，货主或其代理人在离境申报时应递交启运地检验检疫机构出具的动物卫生证书和“出境货物通关单”；不属于离境口岸检验检疫机构辖区内的出口动物，货主或其代理人在离境申报时应递交启运地检验检疫机构出具的动物卫生证书和“出境货物换证凭单”；属于首次申报的，对来自注册登记饲养场的动物，还必须递交出口动物饲养场检验检疫注册登记证正本和副本影印件向离境口岸检验检疫机构申请备案。

（2）离境查验：离境检验检疫机构受理申报后，核定出口动物数量，核对货证相符，查验检验检疫标识，并按照隔离检疫的要求实施群体临床检查和个体临床检查。

（3）签证放行：离境口岸检验检疫机构对经离境查验合格的出境动物，在启运地检验检疫机构签发的动物卫生证书上加签出境日期、数量、检疫员姓名，加盖检验检疫专用章，并根据启运地检验检疫机构出具的“出境货物换证凭单”，签发“出境货物通关单”。启运地与离境口岸属于同一直属检验检疫机构的，应核对启运地签发的“出境货物通关单”。

二、出境动物产品的报检

（一）报检范围

我国《进出境动植物检疫法》规定，对出境的动物产品实施检疫。动物产品是指来源于动物未经加工或者虽经加工但仍有可能传播疫病的动物产品，如生皮张、毛类、肉类、脏器、油脂、动物水产品、奶制品、蛋类、血液、精液、胚胎、骨、蹄、角等。

1. 皮张类。指牛皮、马皮、驴皮、山羊皮、绵羊皮、猪皮、兔皮、鹿皮、香鼠皮、灰鼠皮、艾虎皮、水豹皮、蓝狐皮、蟒皮、蛇皮、鸵鸟皮等生皮、盐干皮及其盐湿皮等。

2. 毛类。指绵羊毛、山羊毛、兔毛、耗牛毛、鸵毛、猪鬃毛、马鬃毛、黄狼毛、鸡毛、鸭毛、鹅毛、火鸡毛、孔雀尾毛、羽毛、山羊绒、驼绒、羽绒、鸭绒等。根据加工程度分为原毛、洗净毛、碳化毛、毛条。

3. 骨蹄角及其产品类。指鹿角、鹿茸、羚羊角等动物角类，虎骨、豹骨、牛骨、羊骨、猪骨等动物骨类，动物蹄壳、贝壳及其制品、龟板、明胶等。

4. 其他非食用动物源性产品。指动物油脂、动物粉类、动物源性中药材、动物源性复合肥和其他动物源性制品等。

（二）报检时间

出境动物产品，应在出境前 7 天报检；需作熏蒸消毒处理的，应在出境前 15 天报检。对出口有特殊检验检疫要求而使检验检疫周期较长的货物，应留有相应的检验检疫时间。

（三）报检时应提供的单证

除规定填写“出境货物报检单”，并提供合同或销售确认书、发票、装箱单等有关外贸单证外，还应提供以下单证：

1. 出境动物产品生产企业（包括加工厂、屠宰场、冷库、仓库）的卫生注册登记证。

2. 如果出境动物产品来源于国内某种属于国家级保护或濒危物种的动物、濒危野生动植物中国际贸易公约中的中国物种动物，报检时必须递交国家濒危物种进出口管理办公室出具的允许出口证明书。

（四）检验检疫

1. 施检员审核单证。

（1）审核所附合同、信用证、厂检合格单是否齐全，其商品品名、规格、数量、重量是否与报检单相符。

（2）审核出口国别，了解进口国相关检验检疫要求。

2. 现场检验检疫。

（1）检查发货单位是否按照合同要求将货物配齐；唛头标识是否清晰；商品品名、规格、数量、重量、包装要求是否与单证相符。

（2）检查出口动物产品在生产、加工过程中是否符合相关要求。

（3）检查产品储存情况是否符合相关规定。即存储仓库做到清洁干燥、保持通风、温度适宜，并且有防腐、防虫措施。

（4）采样：采样由检验检疫机构负责，货主或其代理人应协助采样工作。

（5）根据国家相关法规，对必须进行熏蒸或者消毒处理的出境动物产品，要监督进行熏蒸或者消毒处理。

3. 实验室检验。

（1）感官检验。对抽取的样品进行感官检验，检查内容包括：规格、长度、外观、色泽、弹性、气味、异物等相关项目的检验检疫。

（2）品质分析。依照检验检疫规定的品质要求进行。对羽绒羽毛进行含绒量、毛片、杂质、损伤毛等项目的检验。具体项目要根据合同要求进行。

（3）理化检验。依照检验检疫规定的理化要求进行。对出口羽绒羽毛进行透明度、水分、气味等级等项目检验。具体项目要根据贸易双方签订的合同要求进行。

（4）微生物检验检疫。根据检验检疫规定的项目对出口产品进行微生物检验检疫。具体项目根据合同要求进行。

（五）其他规定和要求

国家对生产出境动物产品的企业（包括加工厂、屠宰场、冷库、仓库）实施卫生注册登记制度。货主或其代理人向检验检疫机构报检的出境动物产品，必须产自经注册登记的生产企业并存放于经注册登记的冷库或仓库。

第二节

出境植物及植物产品的报检

植物检疫是农林病虫害综合防治体系中的主要环节，是植物保护和森林保护学科的重要分支。它与动植物一道作为口岸检验检疫工作的重要环节。其目的就是为了防止植物危险性病虫害在国内蔓延和在国家间传播所采取的一项技术行政措施。

一、报检范围

根据《进出境动植物检疫法》的规定，出境植物及植物产品的报检范围包括：

1. 贸易性出境植物、植物产品及其他检疫物。

（1）植物，指栽培植物、野生植物及其种子、种苗和其他繁殖材料等。植物种子、种苗和其他繁殖材料是指栽培、野生、水生的可供繁殖的植物全株或者部分，如植株、苗木、果实、种子、接穗、插条、叶片、芽体、块根、块茎、球茎、花粉、细胞培养材料等。

（2）植物产品，指来源于植物未经加工或虽经加工但是仍有可能传播病虫害的产品，如粮食、豆、棉花、油、麻、烟草、籽仁、干果、鲜果、蔬菜、干鲜食用菌、生药材、木材、竹、藤、柳、草、芒、饲料等。

（3）其他检疫物，主要是指植物性有机肥料、植物性废弃物、植物产品经加工后产生的下脚料和其他可能传带植物有害生物的检疫物，包括植物病虫草标本、工业原料用土和栽培介质等。

2. 作为展出、援助、交换、赠送等的非贸易性出境植物、植物产品及其他检疫物。

3. 进口国家（或地区）有植物检疫要求的出境植物产品。

4. 以上出境植物、植物产品及其他检疫物的装载容器、包装物及铺垫材料。

相关链接

禁止出口的植物及其产品

1. 未经中国濒危物种进出口管理办公室批准的野生植物。
2. 未经国家医药管理局批准的二类药材。
3. 未经中国科学院、国家科委及其授权单位同意出口的植物标本。
4. 未经中央主管部门同意出口的珍稀植物资源。

二、报检时应提供的单据

除规定填写“出境货物报检单”，并提供合同或销售确认书、发票、装箱单等有关外贸单证外，还应提供以下单证：

1. 出境濒危和野生动植物资源的，须提供国家濒危物种进出口管理办公室或其授权的办事机构签发的允许出境证明文件。

2. 输往欧盟、美国、加拿大等国家或地区的出境盆景，应提供“出境盆景/苗木种植场检疫注册证”。

3. 出境水果来自注册登记果园、包装厂的，应当提供注册登记证书（复印件）；来自本辖区以外其他注册果园的，由注册果园所在地检验检疫机构出具水果产地供货证明。

三、检验检疫工作程序

（一）卫生注册

1. 检验检疫机构对输入国家要求中国对向其输出的植物产品的生产、加工、存放单位注册登记的，可以实行注册登记，并报国家质检总局备案。

2. 检验检疫机构对供港澳蔬菜的菜场、收购站实行注册登记制度。

3. 检验检疫机构对出境蔬菜的加工企业和生产基地实行注册登记和备案制度。

4. 根据国家质检总局 2002 年 4 月 19 日发布的第 20 号令，检验检疫机构对出口植物性食品的生产、加工、储存企业实行卫生注册、登记制度。

（二）受理报检

根据前述的报检时限和应提供的单据进行报检。

检验检疫合格的出境植物及其产品，有下列情况之一者，应当重新报检：更改输入国家或地区，更改后输入国家或地区有不同检疫要求的；更换包装或者原来未拼装后来拼装的；超过检疫规定有效期的。

（三）现场检验检疫

1. 工作准备。

（1）查验人员应复审有关报检资料；

（2）确定采用的检验检疫依据、标准和抽样方法；

（3）确定现场检验检疫的时间、地点及其人员。

2. 现场查验。检验检疫人员到指定的货物停放场地检验检疫，核对货单、唛头标志及其数量和重量，检查植物产品及其是否符合有关检验检疫要求、有无受病虫害浸染，并且按照规定采取代表样品供实验室检测时用。

货主或其代理人必须在现场，并提供往返车辆、辅助人力和用具，负责搬移、开拆、倒包、恢复包装等。

相关链接

出境植物检验检疫的依据

中国政府与输入国家或地区政府签订的双边和多边检验检疫协议、议定书、备忘录等规定的检验检疫要求；

中国法律、法规和国家质检总局规定的检验检疫要求；

输入国家或地区入境植物产品的检验检疫要求或者强制性检验检疫要求；

贸易合同或信用证注明的检验检疫要求。

3. 抽取样品。按照规定要求抽取样品，填写送样单，随样品一并送实验室检测。

4. 填写“现场检验检疫记录单”。

5. 结果登记。将检验检疫结果在业务管理子系统中进行登记。

相关链接

某日，上海机场检验检疫局工作人员在FM816次航班旅检通道上截获仙人掌一箱，共计20个品种，重2.0千克，并带有少许土壤。根据有关规定，当即予以扣没处理。经送上海检验检疫局食品中心实验室检验鉴定，该批截留物中检出仙人掌胞囊线虫。仙人掌胞囊线虫属垫刃目异皮科，原产于墨西哥，分布于南北美洲。主要寄生于仙人掌科植物根系，引起病株地下部侧根增多，功能根减少，地上部分表现为生长不良、瘦弱、黄矮等症状，发病严重的植株在成熟前便枯萎。这是上海口岸首次从旅检通道截获该类疫情。

（资料来源：www.aqsiq.gov.cn/.）

（四）监督管理

1. 检验检疫机构对出境植物产品的生产、加工、装卸、运输和储存等过程实施检疫监督管理。

2. 国外有特殊检验检疫要求，如要求进行疫情检测和有农残指标的，应按要求在植物生长期间做好有害生物疫情检测及其防治工作，有效控制农药的使用等。

3. 从事出境植物检疫熏蒸等检疫处理业务的单位和人员必须经检验检疫机关考核合格，检验检疫机构对熏蒸等检疫处理工作进行监督和指导。

（五）实验室检验

按照输入国、双边或者多边协定以及我国规定的要求和项目实施检验，出具“检验鉴定结果报告单”。

（六）检验检疫处理

1. 经检验检疫发现不符合出境检验检疫规定的货物，由出入境检验检疫机构签发“出境货物不合格通知单”，通知货主或其代理人分别作加工整理、检疫处理，经复检合格或者改作他用后方可出境；对检验检疫不合格又无有效方法除害处理的，不准出境。

2. 货主或其代理人要求对货物实施检疫处理的，出入境检验检疫机构根据货主或其代理人的申请和输入国的要求提出处理意见，由检验检疫处理机构实施处理。

（七）出证与放行

1. 检验检疫合格的，出具“出境货物通关单”或者“出境货物换证凭单”。

2. 根据政府间双边植物检验检疫协定、协议和备忘录或者输入国要求，经检验检疫合格的，出具植物检疫证书或者检验证书、卫生证书。

3. 经认可的检疫处理合格后，出具熏蒸消毒证书或者植物检疫证书。

（八）口岸查验换证

1. 货主或者其代理人应当在“出境货物换证凭单”有效期内向出境口岸检验检疫机构申请换发“出境货物通关单”；超过有效期的，货主或其代理人应当向出境口岸检验检疫机构重新报检。

2. 出境口岸检验检疫机构按照1%～3%比例抽查，核对货证，经查验货证相符的，换发“出境货物通关单”；经查验货证不符的，不准出境。

四、报检其他规定及要求

1. 国家对出境种苗实施花卉基地注册登记制度，推行“公司＋基地＋标准化”管理模式。从事出境种苗花卉生产经营企业，应向所在地检验检疫机构申请注册登记。

未获得注册登记的企业，不得从事出境种苗花卉生产经营业务。

来自未实施注册登记生产经营企业的种苗花卉，不准出口。

2. 对来自非注册果园、包装厂的水果，以及出境水果来源不清楚的，不准出口。

第三节
出境食品的报检

一、报检范围

一切出口食品、用于出口食品的食品添加剂等。具体包括：

1. 列入《检验检疫商品目录》中的出口食品。

2. 中国政府与进口国家或者地区政府签订的双边、多边协议、备忘录等，要求中国检验检疫机构实施检验检疫及其出具证书的出口食品。

3. 进口国家或者地区要求中国检验检疫机构实施检验检疫或出具证书的出口食品。

4. 对外贸易合同、信用证中要求实施检验检疫及其出具证书的进口食品。

相关链接

食品、食品添加剂和食品安全

食品，是指各种供人食用或者饮用的成品和原料以及按照传统既是食品又是药品的物品，但是不包括以治疗为目的的物品。

食品添加剂，是指为改善食品品质和色、香、味以及为防腐、保鲜和加工工艺的需要而加入食品中的人工合成或者天然物质。

食品安全，是指食品无毒无害，符合应当有的营养要求，对人体健康不造成任何急性、亚急性或者慢性危害。

二、报检规定及要求

1. 国家对出口食品的生产、加工、储存企业实施卫生注册和登记制度。

货主或其代理人向检验检疫机构报检的出口食品，须产自或储存于经卫生注册或登记的企业或仓库，未经卫生注册或登记的企业和仓库所生产或储存的出口食品，不得出口。

2. 出口预包装食品的经营者或者其代理人在出口食品前应当向指定的检验检疫机构提出食品标签审核申请。

3. 出口食品的标签必须符合进口国（地区）的要求。

三、报检程序

1. 申请卫生注册和登记。未经卫生注册或登记的企业和仓库所生产或者储存的出口食品，不予报检。

2. 申请出口标签。出口预包装食品在出境前，必须提前办理标签审核手续。预包装食品是经预先定量包装或者制作在包装材料和容器中的食品。食品加工企业必须按照《预包装食品标签通则》要求正确标注标签。

3. 出口食品的检验。对出口食品的检验检疫方式主要有自验、共验、组织检验、查验放行。符合有关法律法规、信用证、合同以及进口国的要求的，判为合格。对数量、规格等不合格的，允许返工；对涉及品质、安全、卫生等不合格的，不允许返工整理。

四、报检时应提供的单据

除规定填写“出境货物报检单”，并提供合同或销售确认书、发票、装箱单等有关外贸单证外，还应提供以下单证：

1. 生产企业（包括加工厂、冷库、仓库）的卫生注册或登记证。

2. 检验检疫机构出具的“出入境食品包装及材料检验检疫结果单”。

3. 出口预包装食品的，还应提供与标签检验有关的标签样张和翻译件。

相关链接

中国出口食品执法依据

1. 《中华人民共和国进出口商品检验法》及其实施条例。
2. 《中华人民共和国进出境动植物检疫法》及其实施条例。
3. 《中华人民共和国国境卫生检疫法》及其实施细则。
4. 《中华人民共和国食品安全法》。

第四节

出境化妆品的报检

化妆品与人类关系非常密切，是和人体直接接触的物质，其所含有的具有潜在危险的化学成分对人体健康会产生严重的危害。随着化妆品消费的日益增加，其安全问题也日益引起人们的关注。我国及国际上许多国家对化妆品实施检验管制，对安全和卫生要求很高，特别是对含有汞、铅等有害金属加以严格的限制。国家对出口化妆品实施法定检验。

相关链接

法定检验，又称“强制性检验”，是指依照国家法律、法令的规定，凭借强制手段，迫使对外贸易关系人对国家规定的部分进出口商品，按照法律、法令规定的程序向商检机构报检，商检机构经检验合格并签发单证后，方准进口或出口。

一、报检范围

化妆品的报检范围如表 5－1 所示。

表 5－1　　化妆品的报检范围

H. S编码	商品名称
33030000	香水及花露水
33041000	唇用化妆品
33042000	眼用化妆品
33043000	指（趾）用化妆品
33049000	香粉（不论是否压紧）
33049900.10	护肤品（包括防晒油和晒黑油，但药品除外）

续表

H. S编码	商品名称
33049900.90	其他美容化妆品
33051000	洗发剂（香波）
33052000	烫发剂
33053000	定型剂
33059000	其他护发品

二、报检规定及要求

1. 出口化妆品必须经过标签审核，取得进出口化妆品标签审核证书或者“标签审核受理证明”方可报检。

2. 出口化妆品标签必须标注如下内容：产品名称、制造者的名称和地址、内装物量、日期和标志，必要时应注明安全警告和使用指南、注明满足保质期和安全性要求的储存条件。

3. 化妆品包装容器必须符合产品的性能及其安全卫生的要求。

4. 出口化妆品检验检疫不合格的，按照如下方式进行处理：

（1）对安全卫生指标不合格的，应在检验检疫机构监督下销毁；

（2）对其他项目不合格的，应在检验检疫机构监督下销毁；

（3）不能进行技术处理或者经过技术处理后重新检验仍然不合格的，不准出口。

三、报检时应提供的单据

除按规定填写“出境货物报检单”，并提供合同或销售确认书或信用证（以信用证方式结汇时提供）、发票、装箱单等有关外贸单证外，报检以下出境物还应提供下列相应的单证：

1. 出口预包装化妆品，还应提供与标签检验有关的标签样张和翻译件。

2. 首次出口的化妆品必须提供生产、卫生许可证、安全性评价资料和产品成分表（包括特殊化妆品）以供检验检疫机构备案。

第五节

出境机电产品的报检

机电产品是我国第一大类出口商品，我国对机电产品出口实行出口机电产品分类检验监管制度。同时还对出口机电产品实施超前把关的预验措施。在确保检验结果准确、可靠、有效的前提下，对部分品质检验项目、不宜在成品施检的项目和检验成本较高的项目，法定检验可延伸到生产过程中，与生产过程检验结合进行，以达到降低检验成本、缩短检验周期的目的。为了鼓励成套设备出口，国家要求检验检疫部门积极采取扶持鼓励的措施，建立出口成套项目通报和出口成套设备的生产企业注册制度，检验检疫机构将出口成套设备列入监管范围，以帮助企业扩大出口。

一、出口小家电产品的报检

近年来，我国生产的小家电产品出口量越来越大，并已经进入了欧美等世界各地的市场。由于小家电产品直接涉及使用者的人身安全，各国政府都对此给予极大关注。

我国自 2000 年起，对出口小家电产品实施法定检验。

（一）出口小家电产品的报检范围

小家电产品是指需要外接电源的家庭日常生活使用或类似用途、具有独立功能的并与人身有直接或间接接触，将电能转化为功能或者热能，涉及人身的安全、卫生、健康的小型电器产品。

报检的具体范围如表 5－2 所示。

表 5－2　出口小家电报检范围

H. S 编码	商品名称	H. S 编码	商品名称
84145110	功率小于等于 125 瓦的吊扇	85102000	电动毛发推剪
84145120	功率小于等于 125 瓦的换气扇	85161000	电热水器
84145130	功率小于等于 125 瓦具有旋转导风轮的风扇	85103000	电动脱发器
84145191	输出功率不超过 125 瓦的台扇	85162100	电气储存式散热器
84145192	输出功率不超过 125 瓦的落地扇	85162990	电气空间加热器
84145193	输出功率不超过 125 瓦的壁扇	85163100	电吹风机
84145199	功率小于等于 125 瓦的其他风机、风扇	85163200	其他电热理发器具
84212110	家用型水的过滤、净化机器及装置	85163300	电热干手器
84213910	家用型气体过滤，净化机器及装置	85164000	电熨斗
84213991	静电除尘器	85165000	微波炉
84221100	家用型洗碟机	85166010	电磁炉
84248910	家用型喷射、喷雾机械器具	85166030	电饭锅
85091000	真空吸尘器	85166040	电炒锅
85092000	地板打蜡机	85166090	其他电炉、电锅、电热板、加热环等
85093000	厨房废物处理器	85167100	电咖啡壶或茶壶
85094000	食品研磨机、搅拌器及果菜榨汁器	85167200	电热烤面包器
85098000	其他家用电动器具	85167900	未列名电热器具
85101000	电动剃须刀	90191010	按摩器具

（二）出口小家电产品的报检规定及要求

1. 国家对出口小家电产品实行生产企业登记制度。出口小家电产品生产企业登记时应提交“出口小家电生产企业登记表”。并提供相应的出口产品质量技术文件，如产品企业标准、国内外认证证书、出口质量许可证书、型式试验报告及其他有关产品获证文件。检验检疫机构对出口小家电产品企业的质量保证体系进行书面审核和现场验证，重点审查其是否具备必须的安全项目（如抗电强度、接地电路、绝缘电阻、泄露电流及其特定产品特殊项目）的检测仪器和相应资格的检测人员。

2. 对出口小家电产品实施型式试验管理。首次报检或登记的企业，应由当地的检验检疫机构派员从生产批次中随机抽取并封存样品，由企业送至国家质检总局指定的实验室进行型式试验。凡型式试验不合格的产品，一律不准出口。合格产品的型式试验报告有效期为一年，逾期须重新进行型式试验。

相关链接

型式试验

型式试验通常指的是在设计完成后，对试制出来的新产品进行的定型试验，其试验项目比例行试验项目多，而且更加严格和苛刻，用户对刚出厂的新产品也可以要求制造厂进行出厂试验时增加一些型式试验项目（一般这些项目是事先甲乙双方协商后写进技术协议中的）。

型式试验的依据是产品标准。试验所需样品的数量由论证机构确定，试验样品从制造厂的最终产品中随机抽取。型式试验一般要在被认可的独立检验机构进行，对个别特殊的检验项目，如果检验机构缺少所需的检验设备，可在独立检验机构或认证机构的监督下使用制造厂的检验设备进行。在双方认同时，也可以在任何一个具备条件的试验场所进行。

3. 禁止出口以氯氟烃物质为制冷剂、发泡剂的家用电器产品制度。国家环境保护总局、国家发展和改革委员会、商务部、海关总署和国家质检总局于 2007 年 5 月 28 日发布了《关于禁止生产、销售、进出口以氯氟烃物质为制冷剂、发泡剂的家用电器产品的公告》。其中，所适用的家用电器产品是指包括家用电冰箱（家用冷藏箱、家用冷冻箱、家用冷藏冷冻箱）、冷柜、家用制冰机、家用冰淇淋机、冷饮机、冷热饮水机、电饭锅、电热水器等产品。

所适用的氯氟烃是指包括 CFC－11（$CFCl_3$）、CFC－12（CF_2Cl_2）、CFC－113（$C_2F_3Cl_3$）等在内的、所有可用作制冷剂、发泡剂、清洗剂的氯氟烃类消耗臭氧层受控物质的一种或几种。

（三）报检时应提供的单据

除规定填写“出境货物报检单”，并提供合同或销售确认书或信用证（以信用证方式结汇时提供）、发票、装箱单等有关外贸单证外，报检以下出境物还应提供下列相应的单证：

1. 国家质检总局指定的实验室出具的产品合格有效的型式试验报告（正本）。

2. 列入强制产品认证的还应提供强制认证证书和认证标志。

3. 以非氯氟烃（CFCs）为制冷剂、发泡剂的家用电器产品和以非氯氟烃为制冷工质的家用电器产品用压缩机出口时，应提供产品为非CFCs为制冷剂的书面保证以及为非氯氟烃制冷剂、发泡剂的证明（包括产品说明书、技术文件以及供货商的证明）。

二、出口电池的报检

（一）出口电池的报检范围

国家对出口电池产品实行备案和汞含量专项检测制度，未经备案或汞含量检测不合格的电池产品不准出口。电池产品的报检范围具体是指H.S编码为8506、8507品目下所有子目的商品（包含专用电器具配置的电池）。

（二）出口电池报检的规定及其要求

1. 国家对出口电池产品实行备案制度。出口电池产品必须经过审核，取得“进出口电池产品备案书”后方可报检，未经备案的电池产品不准出口。“进出口电池产品备案书”应当向生产企业所在地检验检疫机构申请，其有效期为一年。

2. 国家对出口电池产品实行汞含量专项检测制度。对含汞的以及必须经过检测才能确定其是否含汞的电池产品，须进行汞含量专项检测。汞含量检测不合格的电池产品不准出口。

3. 对未列入《法检商品目录》的不含汞的出口电池产品，出口商可凭“进出口电池产品备案书”（正本及复印件）申报放行；含汞电池产品必须申请含量和其他项目的检验。

4. 对出口非洲等低端市场的原电池产品实施单独备案制度。对出口非洲等低端市场的原电池产品，出口商应当作为单独单元进行备案。放电性能等主要性能指标将被纳入备案范围。按照GB8897.2－2005（原电池第2部分：外形尺寸和技术要求）的要求对放电性能项目进行测试，该项目测试不合格的，不得进行备案。

从2007年10月1日起，未获得单独备案的出口非洲等低端市场的电池产品，检验检疫机构将不受理报检，并不得出口。

（三）出口电池报检时应提供的单据

除规定填写“出境货物报检单”，并提供合同或销售确认书或信用证（以信用证方式结汇时提供）、发票、装箱单等有关外贸单证外，报检时还应提供“进出口电池产品备案书”（正本及复印件）。备案书的有效期为1年。

第六节
出境木家具、竹木草制品的报检

为了确保我国出口木制品及其木制家具、竹木草制品的产品质量安全，维护对外贸易的正常发展，根据国务院《关于加强食品等产品安全监督管理的特别规定》等的要求，国家质检总局对出口木制品及其木制家具同时实施检疫监管和检验监管，对出口竹木草制品加强检验检疫监管。

一、出境木家具的报检

（一）出境木家具的报检范围

《实施出口木制品及其木制家具检验监管的目录》所列出的出口木制品及其木制家具产品。具体如表 5－3 所示。

表 5－3　　出口木制品及其木制家具检验监管目录

商品编号	商品名称	商品编号	商品名称
4413000000	强化木（成块，板，条或者异型的）	4420901010	拉敏木制的镶嵌木
4414000010	拉敏木制画框，相框，镜框及其类似品	4420901020	濒危木制的镶嵌木
4414000020	濒危木制的画框，相框，镜框及其类似品	4420901090	镶嵌木
4414000090	木制的画框，相框，镜框及其类似品	4420909010	拉敏木盒及其类似品，非落地木家具
4418100010	拉敏木制木窗，落地窗及其框架	4420909020	濒危木盒及其类似品，非落地木家具
4418100020	濒危木制的木窗，落地窗及其框架	4420909090	木盒及其类似品，非落地木家具
4418100090	木制木窗，落地窗及其框架	4421100010	拉敏木制木衣架
4418200010	拉敏木制的木门及其框架和门槛	4421100020	濒危木制木衣架
4418200020	濒危木制的木门及其框架和门槛	4421100090	木衣架
4418200090	木制的木门及其框架和门槛	4421909010	拉敏木制的未列名的木制品
4418500000	木瓦及其盖屋板	4421909020	濒危木制的未列名的木制品
4418600010	濒危木制柱和梁	4421909090	未列名的木制品
4418600090	其他木制柱和梁	9401611000	皮革或再生皮革面的装软垫的木框架的其他坐具
4418710010	已装拼的拉敏木制马赛克地板		
4418710020	已装拼的其他濒危木制马赛克地板	9401619000	其他装软垫的木框架的其他坐具
4418710090	已装拼的其他木制马赛克地板	9401690000	其他木框架的其他坐具（不包括编号 94011000－94015000）
4418720010	已装拼的拉敏木制多层地板		
4418720020	已装拼的其他濒危木制多层地板	9403300010	濒危木制办公室用木家具
4418720090	已装拼的其他木制多层地板	9403300090	其他办公室用木家具
4418790010	已装拼的拉敏木制其他地板	9403400010	濒危木制厨房用木家具
4418790020	已装拼的其他濒危木制地板	9403400090	其他厨房用木家具
4418790090	已装拼的其他木制地板	9403501010	卧室用濒危红木制家具
4420101010	拉敏木制的木刻	9403501090	其他卧室用红木制家具
4420101020	濒危木制的木刻	9403509100	卧室用漆用家具
4420101090	木刻及竹刻	9403509910	卧室用其他濒危木家具

续表

商品编号	商品名称	商品编号	商品名称
4420102010	拉敏木制的木扇	9403509990	卧室用其他木制家具
4420102020	濒危木制的木扇	9403601010	濒危红木制家具（非卧室用）
4420102090	木扇	9403601090	其他红木制家具（非卧室用）
4420109010	拉敏木制其他小雕像及其装饰品	9403609100	其他漆用家具（非卧室用）
4420109020	濒危木制其他小雕像及其装饰品	9403609910	濒危木家具（非卧室用）
4420109090	其他小雕像及其装饰品		

（二）出境木家具报检的规定及要求

1. 国家质检总局对出口木制品和木制家具生产企业实施出口质量许可准入制度。出口木制品及其木制家具生产企业应建立从原料、生产环节到最后成品的质量安全控制体系。对已经建立健全的质量安全控制体系并运行有效的出口企业，实施分类管理。

检验检疫机构对质量安全控制体系不健全的出口企业限期进行整改，整改期间不得报检出口；经整改达到要求的，生产企业可以报检出口，但必须接受检验检疫机构对企业体系进行的监管。

2. 企业应对涉及安全、卫生、环保要求的油漆、胶黏剂、人造板材、布料、皮革等原辅材料开展重金属、甲醛、阻燃性等相关项目的检测，检测不合格的不得使用；检测报告必须来自 CNAS 认可的实验室。企业应对原辅材料建立台账，如实记录原辅材料的供应商、品名、规格、数/重量、使用情况等。

（三）出境木家具报检时应提供的单据

除规定填写“出境货物报检单”，并提供合同或销售确认书或信用证（以信用证方式结汇时提供）、发票、装箱单等有关外贸单证外，报检时还应提供下列单据：

1. 产品符合输入国家或地区的技术法规、标准或国家强制性标准质量的符合性声明。

2. 输入国（地区）技术法规和标准对木制家具机械安全项目有要求的，提供相关检测报告。

二、出境竹木草制品的报检

（一）出境竹木草制品报检范围

包括出境的竹、木、藤、柳、草、芒等制品。

（二）出境竹木草制品报检的规定及要求

国家对出境竹木草制品及其生产加工企业实施分级分类监督管理。根据生产加工工艺及其防疫处理技术指标等，竹木草制品分为低、中、高三个风险等级，通过对出境竹木草制品生产企业的评估考核，将企业分为一类、二类、三类三个企业类别。并根据出境竹木草制品的风险等级结合企业类别采取不同的检验检疫监管措施。

（1）低风险竹木草制品：经过脱脂、蒸煮、烘烤及其他防虫、防霉等防疫处理的产品；

（2）中风险竹木草制品：经过蒸煮或者防虫、防霉药剂等防疫处理的产品；

（3）高风险竹木草制品：经过晾晒等其他一般性防疫处理的产品。

提示：自2008年4月1日起，出境的竹藤草柳制品应来自在检验检疫机构注册登记的企业。

（三）出境竹木草制品报检时应提供的单据

除规定填写“出境货物报检单”，并提供合同或销售确认书或信用证（以信用证方式结汇时提供）、发票、装箱单等有关外贸单证外，一类、二类企业报检时还应当同时提供“出境竹木草制品厂检记录单”。

第七节 出境展览品的报检

一、出境展览品的报检范围

根据《商检法实施条例》的规定，出境展览品的报检范围为所有出境展览品及其包装材料、运输工具。

二、出境展览品报检的规定及要求

1. 出境展览品属于法定检验范围的，应持有关单据向检验检疫机构报检。

2. 对需要实施动植物检疫或者卫生检疫的展览品出境时，按规定应实施动植物检疫或卫生检疫。

三、出境展览品报检时应提供的单据

1. 为举办出国展览（销）会而筹集的展品出口时，组织出国展览（销）的单位持下列单证向出境地海关申报：

（1）归口审批部门的批件。

（2）展品清单一式两份。

（3）如由外贸、工贸公司主办又属实行许可证管理的商品，须提交出口货物许可证；非外贸单位主办的，不论是否属实行许可证管理的商品，则一律须提交该证。

（4）“出口货物报关单”一式三份。

（5）运输单据。

2. 展品从境外复运入境时，组织单位持下列单证向入境地海关申报：

（1）展品清单一式两份，注明原出境日期、地点、运输工具名称、展出国家或地区，以及在国外展出期间对展品的出售、赠送、放弃、消耗或留给我驻外机构使用等处理情况。

（2）运输单据。

（3）“进口货物报关单”一式三份。

第八节 出境货物包装容器的报检

一、出境危险货物包装容器的报检

危险货物是指具有燃烧、爆炸、腐蚀、毒害、放射性辐射等危及人类生命与财产安全的物质。对于出口危险货物、如果包装不良、不适载或者不适于正常的运输、装卸和储存，造成危险货物泄漏，甚至引起爆炸等，会危及人员、运输工具、港口码头、仓库的安全。国际上对出口危险货物在运输包装、积载、隔离、装卸、管理、运输条件和消防急救措施等方面都有特殊而严格的要求，而且已经制定了一套比较完整的规则，如《国际海运危险货物规则》、《国际铁路危险货物规则》、《国际航运危险货物规则》等。各国出口危险货物，必须符合国际运输规则的要求。检验检疫机构对出口危险货物运输包装容器实施检验，是按照上述有关国际危规进行的。

（一）出境危险货物运输包装容器的性能检验

1. 报检义务人。按照《商检法》的规定，出口危险货物生产运输包装容器的企业，必须向检验检疫机构申请运输包装容器性能检验。申请人申请危险货物运输包装的性能鉴定时，应该按规定填写出境危险货物运输包装性能检验申请单，并提供以下单据和资料：

（1）运输包装容器生产企业的出口危险货物运输包装容器质量许可证及该批容器的生产标准；

（2）该批运输包装容器的设计工艺、材料检验标准等技术资料。

2. 报检的规定及要求。

（1）国家对出口危险货物运输包装容器生产企业实行质量许可制度。出口危险货物运输包装容器生产企业必须取得出口质量许可证方可生产出口危险货物运输包装容器。

（2）空运、海运出口危险货物的运输包装容器由检验检疫机构按照《国际海运危险货物规则》和《国际空运危险货物规则》的规定实行强制性检验。经检验合格的，方可用于包装危险货物。

3. 出境危险货物包装容器报检时应提供的单据：

（1）出境货物运输包装检验申请单；

（2）运输包装容器生产厂的《出口危险货物运输包装容器质量许可证》；

（3）该批运输包装容器的生产标准；

（4）该批运输包装容器的设计工艺、材料检验标准等技术资料。

4. “出境货物运输包装性能检验结果单”的使用说明。经过性能检验合格的危险货物运输包装容器，由检验检疫机构出具“出境货物运输包装性能检验结果单”。此单据表明所列运输包装容器经过检验检疫机构检验，并且符合《国际海运危险货物规则》和《国际空运危险货物规则》的规定。“出境货物运输包装性能检验结果单”具有以下用途：

（1）正本供出口危险货物的经营单位向检验检疫机构申请出口危险货物品质检验时使用。

（2）正本供出口危险货物的经营单位向检验检疫机构申请出口危险货物运输包装容器使用鉴定时使用。

（3）在“出境货物运输包装性能检验结果单”的有效期内，同一批号、不同使用单位的出口危险货物运输包装容器，可以凭该单据向检验检疫机构申请办理公证。

（4）经检验检疫机构检验合格的本地区运输包装容器销往异地装货使用时，必须附有当地检验检疫机构签发的“出境货物运输包装性能检验结果单”随该批运输包装容器流通。

（5）使用地出口危险货物生产企业在报检时，持“出境货物运输包装性能检验结果单”（正本）或者分单（正本）办理品质检验或者使用鉴定报检手续。

（二）出境危险货物运输包装容器的使用鉴定

1. 报检义务人。按照《商检法》的规定，生产出口危险货物的企业，必须向检验检疫机构申请包装容器的使用鉴定。

2. 报检应提供的单证。（1）出境货物运输包装检验申请单；（2）出境货物运输包装性能检验结果单；（3）危险货物说明；（4）其他相关资料。

3. 实施使用鉴定。使用鉴定即确定其选用包装是否正确，危险物质的装入量是否符合国际海运和国际空运的有关要求，以及包装标记、标签、衬垫物、封口等是否符合有关规定。

使用鉴定在危险货物的生产企业进行，通过使用鉴定可以判断盛装危险货物的包装容器是否适宜，或它的类别是否符合盛装危险货物的要求。

经检验检疫机构进行性能检验和使用鉴定不合格的出口危险货物包装容器，不准装运危险货物，不得出口。

4. 领取检验检疫单。经检验检疫机构对出口危险货物包装容器使用鉴定合格的，申请人领取出境危险货物运输包装使用鉴定结果单，经检验检疫机构鉴定不合格的，申请人领取出境货物不合格通知单。

5. “出境危险货物运输包装使用鉴定结果单”（以下简称“鉴定结果单”）的使用说明。经使用鉴定合格的危险货物运输包装容器，由检验检疫机构出具“出境危险货物运输包装使用鉴定结果单”。此单表明所列运输包装容器经检验检疫机构鉴定，可按《国际海运危险货物规则》和《国际空运危险货物规则》的规定盛装货物。“鉴定结果单”具有如下用途：

（1）外贸经营部门凭“鉴定结果单”验收危险货物。

（2）“鉴定结果单”是向港务部门办理出口装运手续的有效证件，港务部门凭“鉴定结果单”安排出口危险货物的装运，并严格检查包装是否与检验结果单相符，有无破损渗漏、污染和严重锈蚀等情况，对未经鉴定合格并取得“鉴定结果单”的货物，港务部门应当拒绝办理出口装运手续。

（3）对同一批号、分批出口的危险货物运输包装容器在“鉴定结果单”的有效期内，可凭该结果单在出口所在地检验检疫机构办理分证手续。

二、出境普通货物运输包装容器的报检

（一）出境普通货物运输包装容器的报检范围

出境一般货物运输包装容器的检验，是指列入《法检商品目录》及其他法律、行政法规规定必须经检验检疫机构检验检疫，并且检验检疫监管条件为“N”或“S”的出口货物的运输包装容器。

目前检验检疫机构实施性能鉴定的出境货物运输包装容器包括：钢桶、铝桶、镀锌桶、钢塑复合桶、纸板桶、塑料桶（罐）、纸箱、集装箱、塑料编织袋、麻袋、纸塑复合袋、钙塑瓦楞箱、木箱、胶合板箱（桶）、纤维板箱（桶）等。

（二）出境普通货物运输包装容器报检应提供的单证

1. 出境货物运输包装检验申请单。

2. 生产单位出具的该批包装容器检验结果单。

3. 包装容器规格清单。

4. 客户订单及其对包装容器的有关要求。

5. 该批包装容器的设计工艺、材料检验标准等技术资料。

（三）出境货物运输包装检验申请单填制说明

申请人在填单时应按要求详实填写，所列项目应填写完整、准确、清晰，不得涂改。个别项目确实填不上的，经允许可填“＊＊＊”。本单仅供申请办理出境货物运输包装性能检验/分证及出境危险货物运输包装使用鉴定时填写。

1. 申请人：申请实施出境货物运输包装检验的单位全称及备案登记号（十位码），并加盖公章。

2. 包装使用人：填写出境货物运输包装容器的使用单位。

3. 包装容器名称及规格：指包装容器的具体名称及其规格。如纸箱的名称要写明单（双、三）瓦楞纸箱，规格用长×宽×高表示。

4. 包装容器标记及批号：按《国际危险货物规则》规定填写包装容器上的唛头及生产厂代号及生产批号等。标记填写不下时可用附页，没有标记则填写“N/M”。

5. 包装容器生产厂：生产包装容器的厂家名称。

6. 原材料名称及产地：指用于制造包装容器的原材料名称及其产地。纸箱要分别填写面、底、坑、芯纸的定量及产地，国产材料产地至少填地区名称。

7. 包装质量许可证：包装容器生产厂质量许可证书号码。申请性能检验时应填写该证书号码。

8. 申请项目：在对应的“□”上打“√”。

9. 数量：指实际检验的出口数量，应与合同相符。

10. 包装容器编号：据实填写。

11. 生产日期：指该批包装容器的生产时间，填至月份。

12. 存放地点：指该批容器存放的地点。

13. 危包性能检验结果单号：申请危险品包装容器使用鉴定时填写。指该批危险品包装容器的性能检验结果单的编号。

14. 运输方式：在对应的“□”上打“√”。

15. 拟装货物名称及形态：指该批包装容器盛装货物的名称及其形态。形态指固体，液体或气体等。

16. 密度：填写该批包装容器所盛装液体货物的密度。

17. 拟装货物单件毛重：指容器内装货物的净重加上包装物的重量，据实填写。

18. 单件净重：指包装容器内装货物的净重。

19. 联合国编号：申请检验危险品包装容器时填写。指拟装的危险货物在《国际危险货物规则》中规定的编号，并要加填危险类别。

20. 装运口岸：指该批包装容器所装货物出口的装运口岸。

21. 提供单据：在对应的“□”上打“√”。原则上申请性能检验的必须提供厂检单。

22. 装运日期：指该批包装容器所装货物出口的装运日期。

23. 集装箱上箱次装货名称：本集装箱前次所装货物的名称。

24. 输往国家：指贸易合同中买方（进口方）所在国家或地区。

25. 申请人郑重声明：必须有报检员的亲笔签名。

26. 编号：由检验检疫机构人员填写。

（四）“鉴定结果单”的使用说明

对经鉴定合格的出口货物运输包装容器，检验检疫机构将出具“鉴定结果单”。“鉴定结果单”具有如下用途：

1. 出口货物生产企业或经营单位向生产单位购买包装容器时，生产包装容器的单位应提供“鉴定结果单”正本。

2. 出口货物生产企业或经营单位向检验检疫机构申请出口货物检验检疫时，应提供“鉴定结果单”正本，以便检验检疫机构核销。

3. 对于同一批号不同单位使用的或同一批号多次装运出口货物的运输包装容器，在“鉴定结果单”的有效期内可以生产包装容器的单位可凭此单向检验检疫机构申请分单。

三、出境小型气体容器的报检

根据《商检法》和《国际海运危险货物规则》的有关规定，检验检疫机构对海运出口危险货物小型气体容器实施检验和管理。

（一）出境小型气体容器的报检范围

实施检验的海运出口危险货物小型气体容器，是指充灌有易燃气体的气体充灌容器，容量不超过1 000立方厘米，工作压力大于0.1MPa的气体喷雾器及其他灌有气体的容器。

（二）出境小型气体容器报检的规定及要求

1. 生产出口危险货物小型气体容器的生产企业应当向当地检验检疫机构办理注册登记，经检验检疫机构考核合格并获得出口商品质量许可证，或取得出口商品质量体系（ISO9000）合格证书的生产厂方可从事出口危险货物小型气体容器的生产。

2. 已经获准生产出口危险货物小型气体容器的生产企业在对本企业产品检验合格后，向检验检疫机构申请海运出口危险货物小型气体容器的包装检验。

3. 对海运出口危险货物小型气体容器，检验检疫机构将按照《海运出口危险货物小型气体容器包装检验规程》及其《国际海运危险货物规则》的有关要求进行性能检验，经检验合格的签发"出境货物运输包装性能检验结果单"。

（三）出境小型气体容器报检时应提供的单据

除规定填写"出境货物报检单"，并提供合同或销售确认书或信用证（以信用证方式结汇时提供）、发票、装箱单等有关外贸单证外，还应提供小型气体容器的产品标准、性能试验报告和包装件厂检合格单。

四、出境集装箱

（一）出境集装箱检验检疫的范围

1. 所有出境集装箱，应实施卫生检疫。

2. 装载动植物、动植物产品和其他检验检疫物的集装箱，应实施动植物检疫。

3. 装运出口易腐烂变质食品、冷冻品的集装箱，应实施清洁、卫生、冷藏、密固等适载检验。

4. 输入国家要求实施检验检疫的集装箱，按要求实施检验检疫。

5. 法律、行政法规、国际条约规定或贸易合同约定的其他应当检验检疫的集装箱，按有关规定、约定实施检验检疫。

（二）出境集装箱检验检疫的具体规定

1. 法定验箱。对装运出口易腐烂变质食品、冷冻品的集装箱进行清洁、卫生、冷藏效能、密固性能等项目的检验，也称为法定验箱。经检验合格的集装箱，出具集装箱合格证书，并在集装箱上加贴检验合格标志，方准装运出口，经检验不合格的集装箱不准装箱。

2. 装箱检验。是指集装箱货物的监视装箱，其具体要求如下：

（1）根据拟装货物的种类、形状、数量、重量、体（容）积、包装情况以及运输方式等，选定最适宜运输这些货物的集装箱类型。

（2）审核拟装货物的配载装箱计划，审核时要充分考虑运输方式、卸货港口的先后顺序、货物特性及其申请人的特殊要求。箱内应有合理的容积和载重量，避免留有不合格的空隙等。

（3）为了配载装箱，对拟装货物的包装体积和重量进行丈量和衡重。

（4）在装箱前，再次对已选定的集装箱进行外观和内部状态的检验。

（5）装箱时，要进行监视装载。在装箱完毕以后，立即对所装集装箱进行封识，并签发集装箱货物装箱检验证书。

（三）出境集装箱检验检疫程序

1. 对装运出口易腐烂变质食品、冷冻品的集装箱，在装运前应实施清洁、卫生、冷藏、密固等适载检验。

对装载出口植物、动植物产品和其他检疫物的集装箱以及输入国家或地区要求和国家法律、法规或者国际条约规定其他必须实施检验检疫的集装箱，经检验检疫取得证书的方可装运。其他出境集装箱，受理报检后即可放行。

2. 不需要实施卫生除害处理的出境集装箱，检验检疫机构实施检验检疫后，应报检人的要求出具"集装箱检验检疫结果单"。需要实施卫生除害处理的出境集装箱，检验检疫机构受理报检后签发"检验检疫处理通知书"，完成处理后应报检人要求出具"熏蒸/消毒证书"。

3. 出境口岸检验检疫机构凭启运口岸检验检疫机构出具的"集装箱检验检疫结果单"或"熏蒸/消毒证书"验证放行。

4. 集装箱检验检疫有效期限为 21 天，超过有效期限的出境集装箱需要重新检验检疫。

（四）出境集装箱检验检疫应注意的问题

1. 经检验检疫机构检验检疫符合装运条件的集装箱，不能及时装货的，应由申请人自己加封，妥善保管。

2. 经检验检疫机构检验不符合装运技术条件的集装箱，装运部门要根据要求进行整理，重新申请检验检疫。经检验检疫仍不合格，装箱部门必须采取有效措施达到技术条件要求，再次申请检验。

集装箱出入境检验检疫的区别如表 5－4 所示。

表 5－4　　集装箱出入境检验检疫比较

	入境	出境
报检范围	（1）所有入境集装箱应实施卫生检疫。 （2）来自动植物疫区的，装载动植物、动植物产品和其他检验检疫物的，以及箱内带有植物性包装物或铺垫材料的集装箱，应实施动植物检疫。 （3）法律、行政法规、国际条约规定或者贸易合同约定的其他应当实施检验检疫的集装箱，按有关规定、约定实施检验检疫。	（1）所有出境集装箱应实施卫生检疫。 （2）装载动植物、动植物产品和其他检验检疫物的集装箱应实施动植物检疫。 （3）装运出口易腐烂变质食品、冷冻品的集装箱应实施适载检验。 （4）输入国要求实施检验检疫的集装箱，按要求实施检验检疫。 （5）法律、行政法规、国际条约规定或贸易合同约定的其他应当实施检验检疫的集装箱按有关规定、约定实施检验检疫。
报检时间	在办理海关手续前向进境口岸检验检疫机构报检。	装货前向所在地检验检疫机构报检。
单据名称	集装箱检验检疫结果单	

第九节
市场采购出口货物的报检

一、市场采购出口货物的报检范围

市场采购货物是指发货人直接从市场采购，货物存放在外贸仓库或集散地的出口商品，不适用于食品、化妆品、压力容器和危险品。

二、市场采购出口货物报检的规定和要求

1. 市场采购货物应该在采购地检验。检验检疫机构对市场采购主体的监管，侧重于对具有固定仓储场所的外贸、货代、货运等单位的管理。

2. 市场采购出口商品的检验依据。对市场采购货物的检验，主要按照进口国技术法规强制性要求进行。进口国没有技术法规的强制性要求的，按照外贸合同或信用证约定的要求进行检验；外贸合同或信用证约定不明确的，按照国家质检总局印发的《市场采购出口商品检验基本要求（试行）》进行检验。

3. 市场采购货物在产地检验合格后，在口岸出口时，按照“产地检验，口岸查验”的原则，由产地检验检疫机构出具换证凭单或实施电子转单，并在换证凭单或转单信息中明确标注为市场采购货物。

三、市场采购出口货物报检时应提供的单据

报检人报检时，除了按照规定填写“出境货物报检单”，并提供外贸合同或者销售确认书或者信用证（以信用证方式结汇时提供）、装箱单等有关外贸单证外，还应该提供质量合格验收报告和市场采购发票。

四、市场采购出口货物报检时应注意的问题

1. 市场采购出口货物报检和检验检疫程序与正常大宗货物贸易相同。

2. 报检时如不具备厂检单的，可由出口单位提供经该单位检验合格的品质证明。

3. 市场采购出口货物必须取得检验检疫机构签发的“出境货物运输包装性能检验结果单”，否则对货物的包装必须进行包装性能检验检疫。

4. 市场采购出口货物的报检和检验检疫工作在货物采购地进行。

5. 凡实施出口质量许可制度（如机电产品、化工产品）和卫生注册登记制度的产品（如食品、畜产品），必须向获证企业采购，禁止在批发零售市场上采购。

第十节

出境玩具的报检

出境玩具已成为我国主要轻工出口产品之一。玩具是促进儿童增长知识，发展智力的益智产品，一般是为特定年龄组的儿童设计和制造的。由于儿童受智力发育的自然限制，不能识别玩具在正常使用中或滥用后的潜在危险，不懂得如何保护自己免受伤害。因此国际上对玩具的安全、卫生性能有很高的要求，许多国家制定了严格的玩具安全法规标准，并实施严格的检验管制。

我国对出口玩具实施法定检验。

一、出境玩具的报检范围

出口玩具的报检范围如表 5－5 所示。

表 5－5

H. S 编码	商品名称	H. S 编码	商品名称
950300100	三轮车、踏板车、踏板汽车和类似的带轮玩具，玩偶车	9503005000	玩具乐器
95030020	玩物玩偶（不论是否着装）	9503006000	智力玩具
9503002900	其他玩偶（不论是否着装）	9503008100	组装成套或全套的其他玩具
9503003100	缩小（按比例缩小）的电动火车模型	9503008200	其他带动力装置的玩具及模型
9503003900	其他缩小（按比例缩小）的全套模型组件（不论是否活动）	9503008900	其他未列明玩具
9503004000	其他建筑套件及建筑玩具	9503009000	玩具、模具零件

二、出境玩具报检的规定及要求

1. 国家质检总局对出口玩具产品实施出口玩具质量许可（注册登记）制度。生产出口玩具的企业应根据《出口玩具质量许可证管理办法》的要求，向检验检疫机构申请“出口玩具质量许可证”。

2. 严禁在玩具的材料中使用有毒有害物质。出口玩具在生产过程中禁止使用含有 1.4－丁二醇的材料。

3. 玩具出口企业在生产过程中使用新材料时应向检验检疫机构提供该新材料的成分表和有关物质的安全分析表（MSDS）或者有关机构的毒理评估报告，同时提供进口商或者品牌商对该成分的安全保证确认函。

4. 出口可充电类玩具产品时，出口企业除按要求提供产品的首件检测报告或安全项目检测报告外，还必须提供所使用电池的安全性能检测报告或者该玩具的型式试验报告，供检验检疫机构对充电电池的安全性检测。

5. 检验检疫机构对出口玩具产品实施逐批检验的检验监督管理模式。

三、出境玩具的报检程序

1. 生产出口玩具的企业根据《出口玩具质量许可证管理办法》的要求，向检验检疫机构申请出口玩具质量许可证。申请出口玩具质量许可证必须符合下列要求：出口玩具样品必须按照《出口玩具型式试验规则》试验合格；出口玩具的生产企业按照 ISO 标准系列和“出口玩具生产企业质量体系评审表”建立质量体系。在资料审查、型式试验和生产企业现场评审合格后，由国家质检总局统一发出质量许可证，证书有效期为 5 年。

2. 检验检疫机构凭出口玩具质量许可证受理报检。

3. 出口玩具的发货人应当在货物装运前 7 天向检验检疫机构报检，出口玩具必须逐批实施检验，检验不合格的不准出口。

四、出境玩具报检时应提供的单据

除按照规定填写“出境货物报检单”，并提供合同或销售确认书或信用证（以信用证方式结汇时提供）、发票、装箱单等有关外贸单证外，报检时还应提供下列相应的单证：

1. “出口玩具注册登记证书”（复印件）。

2. 该批货物符合输入国家或者地区的标准或者技术法规要求的声明，输入国家或者地区的技术法规和标准无明确规定的，提供该批货物符合我国国家技术规范的强制性要求的声明。

3. 玩具实验室出具的检测报告。

4. 出口日本的玩具，须同时提供安全项目检测合格报告和能证明其产品满足日本玩具法规要求（特别是满足相关的化学项目要求）的检验报告。

5. 国家质检总局规定的其他材料。

第十一节

出境货物预报检

为了方便对外贸易，有利于检验检疫工作的开展，检验检疫机构对某些经常出口、非易腐烂变质、非易燃易爆的货物予以接受预先报检。

一、申请办理预报检的范围

（一）整批出口货物

对于已生产的整批出口货物，生产厂已经检验合格，经营单位已经验收合格，货已经全部备齐堆存于仓库，但尚未签订外贸合同或者虽已签定合同但信用证尚未到达，不能确定运输数量、运输工具、唛头的，为了使货物在信用证到达后及时出运，可以办理预报检。

（二）分批出口货物

须分批装运出口货物可以办理预报检。出口货物经检验检疫合格后，检验检疫机构签发“出境货物换证凭单”。正式装运出口时，可在检验检疫有效期内逐批向检验检疫机构申请办理放行手续。放行时，检验检疫机构查验合格后，在出境货物换证凭单的登记栏内对货物的数量予以登记核销。

二、申请办理出境货物预报检的程序

1. 填写“出境货物报检单”。
2. 提供相关的随附单据：
（1）生产、经营部门的厂检结果单原件；
（2）出境货物运输包装性能检验结果单（正本）；
（3）出口货物生产企业与外商经营单位签订的购销合同；
（4）如外贸经营单位已经与外商签订了外贸合同的还应提供外贸合同。
3. 检验检疫机构对预报检的出境货物实施检验检疫，合格的签发“出境货物换证凭单”；不合格的签发“出境货物不合格通知单”。
4. 正式对外出口时，报检单位到报关地检验检疫机构，凭“出境货物换证凭单”办理查验放行手续。

三、对出境货物进行预报检时应注意的事项

1. 出境预检的样品应能代表报检的整批货物，检验检疫人员应按规定抽取代表性样品。
2. 换证放行的时间。经预检合格的出口货物应当在规定的检验检疫有效期限内办理换证放行手续，超过检验检疫有效期的，应重新实施检验检疫。
3. 申请办理换证、放行手续时，应持“出境货物换证凭单”（正本）方可办理。
4. 对预检货物应做好批次管理，应做到标记及其批次清楚、堆放整齐、保管良好。

[复习思考题]

一、单选题

1. 出境动物产品，应在出境前(　　)天报检。
A. 5　　B. 7　　C. 10　　D. 15
2. 以下说法错误的是(　　)。
A. 出境玩具报检时须提交出口玩具质量许可证
B. 出境打火机须在外包装加贴验讫标志
C. 出境小家电产品报检时须提供型式试验报告
D. 出境电池产品报检时须提供“出境货物运输包装性能检验结果单”（复印件）

3. 为提高我国打火机、点火枪类商品的质量，促进贸易发展，保障运输及消费者人身安全，自 2001 年 6 月 1 日起，对出口打火机、点火枪类商品实行(　　)。

A. 抽查检验　　B. 凭货主申请检验

C. 法定检验　　D. 以上三者视情况不同而定

4. 生产烟花爆竹的企业在申请出口烟花爆竹时，应提交(　　)。

A. 出口烟花爆竹说明书　　B. 出口烟花爆竹备案书

C. 出口烟花爆竹质量许可证书　　D. 出口烟花爆竹生产企业声明

5. (　　)不是出口打火机报检时应当提供的单据。

A. 出口打火机、点火枪类商品生产企业自我声明

B. 出口打火机、点火枪类商品生产企业登记证

C. 出口打火机、点火枪类商品的型式试验报告

D. 出口打火机、点火枪类商品的质量许可证

6. 某公司向日本出口一批蔬菜，报检时不需提供(　　)。

A. 合同、发票、装箱单　　B. 卫生注册证书号码

C. 集装箱检验检疫结果单　　D. 出境货物运输包装性能检验结果单

二、多选题

1. 对出口水果，下列正确的说法是(　　)。

A. 应在包装厂所在地检验检疫机构报检

B. 注册果园不在本辖区的，不予受理报检

C. 对来自非注册果园、包装厂的水果，要提供产地供货证明

D. 出境水果来源不清楚的，不受理报检

2. 安徽合肥某公司第一次出口花露水，拟从宁波港启运，下列描述正确的是(　　)。

A. 报检时提交“化妆品标签审核申请书”以及相关资料申请标签审核

B. 申请化妆品标签审核时，应提供产品配方

C. 某产品经检验检疫合格后，必须加贴检验检疫标志

D. 该公司在安徽检验检疫局取得通关单后，到宁波海关办理通关手续

3. 某公司向日本出口一批观赏鱼，报检时应提供的单据包括(　　)。

A. 动植物检疫书　　B. 无木质包装证明

C. 养殖场供货证明　　D. 合同、发票

4. 南宁一家公司向越南出口一批冷藏蔬菜，报检时须提供的单据有(　　)。

A. 合同、发票、装箱单　　B. 集装箱检验检疫结果单

C. 卫生注册证书编号　　D. 出境货物运输包装性能检验结果单

5. 湖南某玩具厂向美国出口一批油漆智力玩具，货物从深圳口岸出境。该玩具厂向湖南检验检疫局报检时应提供的单证有(　　)。

A. 符合性声明　　B. 出口玩具质量许可证

C. 出境货物换证凭单　　D. 油漆的检测合格报告

6. 下列需进行出境植物及其产品报检的有(　　)。

A. 出口到日本的30吨菠菜

B. 参加法国农业博览会的100克优良大豆样品

C. 通过快递方式向日本出口的5颗种子

D. 供应香港的10吨蔬菜

三、判断题

1. “鉴定结果单”超过有效期，应及时向检验检疫机构申请换证手续。（　）

2. 出口危险货物的经营单位向检验检疫机构申请出口危险货物品质检验时，必须向当地检验检疫机构提供“鉴定结果单”。（　）

3. 我国政府对国外援助物资可不经检验检疫机构实施检验，直接启运出境。（　）

4. 输出动物，出境前须经隔离检疫的，在口岸出入境检验检疫机构指定的隔离场所隔离检疫。（　）

5. 援外物资是我国政府提供无息贷款、低息贷款和无偿援助项下购置用于援外项目建设或交付给受援国政府的生产和生活物质，虽然它与一般的贸易性出口货物有很大的区别，但是如果援外物资属于实施出口质量许可制度的，报检时仍然需要提供出口质量许可证。（　）

6. 输往欧盟的货物，使用了松材线虫非疫区针叶树木质包装的，应由检验检疫机构实施检疫并出具检疫证书。（　）

四、技能训练题

1. 浙江杭州某玩具制造企业出口某种智力玩具到挪威，从上海港运出，目的地是奥斯陆。进口方是“××Trading Co.，Ltd”。该玩具企业具有进出口经营权。该企业应先向哪个出入境检验检疫局报检？报检时应提供哪些单据？

2. 内地某企业出口一批冻肉，口岸检验检疫机构查验时发现货证不符，经核实这是由该企业将未经检验检疫的另一批冻肉错发至口岸所造成的。该企业是否可向口岸检验检疫机构提出验单更改申请，并在口岸申请换证？

五、案例分析题

上海A外贸公司与外商签订外贸合同出口一批小家电，收到外商的信用证后，该外贸公司向位于浙江省丽水市的B生产企业购买一批小家电产品，A外贸公司委托B生产企业向丽水市出入境检验检疫局报检，要求B生产企业获取出口货物换证凭单。丽水市出入境检验检疫局要求报检人提供外销合同进行报检。A外贸公司以保密为由，不愿意提供外销合同，只提供内销合同。

（资料来源：高彩云：《外贸商检实务》，机械工业出版社2007年版。）

【思考分析】

（1）根据出口商品报检须提交的单据知识，请问A外贸公司应提交外销合同还是内销合同？

（2）你认为丽水市出入境检验检疫局要求报检人提供外销合同的理由是什么？

第六章 检验检疫签证与放行

学习目标

学习目标：

- □ 了解出入境检验检疫证单的种类、适用范围
- □ 熟悉出入境检验检疫证单的法律效用

技能要求：

- □ 掌握检验检疫证单的结构、文本、签证日期和有效期
- □ 掌握检验检疫证单的更改、补充与重发的有关规定

第一节 检验检疫证单的签发及更改、补充和重发

一、检验检疫证单的法律效用

进出境检验检疫证单（不含申请类单证）是检验检疫机构对涉及安全、卫生、健康、环保和关系到国计民生的出入境货物、人员、运输工具进行检验检疫或监督管理后签发的结果证明文书，其法律效力由检验检疫机构的法律地位决定。

（一）检验检疫证单是检验检疫机构代表国家履行国际义务的手段

当今国际社会在检验检疫方面已经形成许多法则、公约与惯例，这些法则、公约与惯例，如国际兽医局（OIE）制定的《国际动物卫生法典》、国际植物保护公约组织（IP-PC）制定的《国际植保公约》、《濒危野生动植物种国际贸易公约》等，已被世界各国广泛接受和遵守。

检验检疫机构签发的检验检疫证单，如兽医卫生证书、卫生证书、动物卫生证书、植物检疫证书、交通工具卫生检疫证书、国际旅行健康证书、国际预防接种证书等，是检验检疫机构履行职责、代表国家履行国际义务的手段。

（二）检验检疫证单是出入境货物通关的重要凭证

国家制定了一系列法律或行政法规，并规定了一些检验检疫限定性的标准和管理办法，同时要求当事人须交验符合规定的检验检疫证单方准进出境。

相关链接

出口至非洲特定国家商品装运前检验

根据我国与非洲国家塞拉利昂、埃塞俄比亚和埃及的双边协议，出口至以上三国，价值超过 2 000 美元的货物，无论是否列入《法检商品目录》，均实施产品检验、价格核实和监督装载。

（资料来源：根据国质检函［2004］221 号、［2006］416 号整理得出。）

（三）检验检疫证单是海关征收和减免关税的有效凭证

1. 海关在征收进出口货物关税时，不仅凭商业发票所列数/重量，还依据检验检疫证单上的检验检疫结果作为征税的凭证。

2. 入境货物到货后，因发货人责任造成数量短少或品质残损等问题的入境货物，在发生换货、退货或索赔等情况时，涉及免征关税或退税的，检验检疫机构签发的证书可作为通关免税或者退税的重要凭证。

3. 检验检疫机构签发的一般原产地证书是享受最惠国税率的有效凭证，普惠制产地证书是给惠国享受普惠制税率的有效凭证，区域性优惠原产地证是在多边或双边贸易国家享受协定关税的有效凭证。

（四）检验检疫证单是履行交接、结算及进口国准入的有效凭证

1. 国际贸易中大多凭单交易，为确保所交易的货物符合合约的规定，需要检验检疫机构所签发的各种检验检疫证书作为交接的凭证。

2. 凡对外贸易合同、协议中规定以检验检疫证书为结算货款依据的进出口货物，检验检疫证书中所列的货物品质、规格、成分、公量等检验检疫结果都是买卖双方计算货款的依据，检验检疫证书是双方结算货款的凭证。

提示：有些国家法令或政府规定要求，某些入境货物需凭我国检验检疫机构签发的证书，如品质证书、木质包装熏蒸证、植物检疫证、兽医卫生证、农残证书等方可入境。

3. 对于运输工具，凭检验检疫机构签发的交通工具卫生证书及检疫证书入境。

（五）检验检疫证单是证明履约、明确责任的有效证件

1. 进出口业务中，买卖双方对商品的品质、数量、残损等经常会发生争议，这不仅涉及买卖双方，有时还涉及运输、保险等相关方的履约程度，判明责任归属往往需要当事人提供与其相关的具有约束力证明文件。

2. 承运人或其他贸易关系人申请检验检疫机构证明出入境货物的积载情况、验舱、舱口检视、水尺计重、液体商品的温度与密度、签封样品、对冷藏舱检温等，都是一种明确责任范围的证明文件。

3. 发生商务纠纷或争议时，检验检疫机构签发的证书是证明事实状态，明确责任归属的重要凭证。

（六）检验检疫证单是办理验资的有效证明文件

1. 外商投资企业及各种对外补偿贸易方式中，境外（包括港澳台地区）投资者以实物作价形式投资的，或外商投资企业委托国外投资者用投资资金从境外购买的财产，检验检疫机构办理外商投资财产鉴定工作，按规定作出鉴定证书。

2. 价值鉴定证书是证明投资各方投入财产价值量的有效依据，各地会计师事务所凭检验检疫机构的价值鉴定证书办理外商投资财产的验资工作。

二、检验检疫证单的种类及适用范围

现行检验检疫证书通常采用一正三副对外签发。一般使用国际标准规格的 A4 纸印刷，长宽为 297 毫米 ×211 毫米。证书正本印有防涂改的底纹，抬头均冠以“中华人民共和国出入境检验检疫”字样，左上方印有“CIQ”标记，对外签发时加盖出证地出入境检验检疫局的印章。

检验检疫证书（单）由证书、凭单、监管和专用证书四部分组成。其中证书部分共分为 10 大类，38 种格式。凭单部分共分为 5 大类，41 种编号。

（一）证书部分

1. 出境货物检验类。

（1）格式 1－1 检验证书：适用于出境货物（含食品）的品质、规格、数重、包装等检验项目；

（2）格式 1－2－1 生丝品级及公量证书：适用于证明生丝的品质及公量。

（3）格式 1－2－2 捻丝品级及公量证书：适用于证明捻丝品质及公量。

（4）格式 1－2－3 绢丝品质证书：适用于证明绢丝的品质。

（5）格式 1－2－4 双宫丝品级及公量证书：适用于双宫丝的品质及公量。

（6）格式 1－2－5 初级加工丝品质及重量证书：适用于初级加工丝的品质及重量。

（7）格式 1－2－6 柞蚕丝品级及公量证书：适用于柞蚕丝的品级及公量。

（8）格式 1－4 啤酒花证书：适用于输往欧盟的啤酒花。

2. 出境货物卫生类

（1）格式 2－1 卫生证书：适用于出境食品及其他需要实施卫生检验货物。

（2）格式 2－2 健康证书：适用于食品及用于食品加工的化工产品、纺织品、轻工产品等与人、畜健康有关的出境货物。

3. 出境兽医类。

（1）格式 3－1 兽医（卫生）证书：适用于符合输往国家或地区与中国有检疫规定、双边检疫协定以及贸易合同要求的出境动物产品。

（2）格式 3－2－1 兽医卫生证书：适用于输往俄罗斯的牛肉。

（3）格式 3－2－2 兽医卫生证书：适用于输往俄罗斯的猪肉。

（4）格式 3－2－3 兽医卫生证书：适用于输往俄罗斯的动物性原料等。

（5）格式 3－2－4 兽医卫生证书：适用于输往俄罗斯的禽肉等。

4. 出境动物检疫类。格式 4－1 动物卫生证书，适用于：

（1）符合输入国家或者地区与中国有检疫规定、双边检疫协定以及贸易合同要求的出境动物。

（2）出境旅客携带的符合检疫要求的伴侣动物。

（3）符合检疫要求的港澳动物。

5. 植物检疫类。

（1）格式 5－1 植物检疫证书：适用于符合输入国家或地区以及贸易合同签订的检疫要求的出境植物、植物产品等。

（2）格式 5－2 植物转口检疫证书：适用于从输出方运往中国并经中国转口到第三方（包括到港澳台等地区）的符合相关检疫要求的植物、植物产品以及其他检疫物。

6. 运输工具检疫类。

（1）格式 6－1 船舶入境卫生检疫证：适用于入境卫生检疫时没有染疫的或不需要实施卫生处理的国际船舶。

（2）格式 6－2 船舶入境检疫证：适用于入境卫生检疫时，需实施某种卫生处理或离开本港后应继续接受某种卫生处理的国际船舶。

（3）格式 6－3 交通工具卫生证书：适用于申请电讯卫生检疫的交通工具。

（4）格式 6－4 交通工具出境卫生检疫证书：适用于出境交通运输工具的卫生检疫。

（5）格式 6－5 除鼠证书/免予除鼠证书：除鼠证书用于船舶实施鼠患检查后，发现鼠患并进行除鼠的情况；免予除鼠证书用于船舶实施鼠患检查后，未发现鼠患亦未采取任何除鼠措施的情况。

（6）格式 6－6 运输工具检疫证书：适用于①经动植物检疫合格的出入境交通运输工具；②经卫生检疫的入境运输工具，如飞机、火车等。

7. 检疫处理类。

（1）格式 7－1 熏蒸/消毒证书：适用于出入境动植物及其产品、包装材料、废旧物品、邮寄物、装载容器（包括集装箱）及其他需检疫处理的物品等。

（2）格式 7－2 运输工具检疫处理证书：适用于对出入境交通运输工具熏蒸、消毒、除虫（含灭蚊），包括对交通运输工具员工及旅客用食品、饮用水以及运输工具的压舱水、垃圾、污水等项目实施检疫处理。

8. 国际旅行健康类。

（1）格式 8－1 国际旅行健康检查证明书：适用于出入境人员的健康检查证明。

（2）格式 8－2 国际预防接种证书：适用于对国际旅行人员的预防接种。

9. 入境货物检验检疫类。

（1）格式 9－1 检验证书：适用于经检验不符合要求的货物和货主（或贸易双方）有要求用于货物交接、结汇、结算的情况。

（2）格式 9－2 卫生证书：适用于①经卫生检验合格的入境食品、食品添加剂；②经卫生检验不合格的入境食品、食品添加剂。

（3）格式 9－3 兽医卫生证书：适用于检疫不符合我国要求的入境动物产品。

（4）格式 9－4 动物检疫证书：适用于检疫不符合我国检疫要求的入境动物。

（5）格式 9－5 植物检疫证书：适用于经检疫不符合我国检疫要求的入境植物、植物产品、植物性包装铺垫材料、植物性废弃物、土壤、毒种、菌种、生物材料等。

10. 空白证书类。

（1）格式 E－1 空白证书：适用于规定格式以外的品质检验、鉴定等证书。如品质证书、重/数量证书、外商投资财产价值鉴定证书、冷藏车检验证书、输美陶瓷证书等。

（2）格式 E－2 空白证书：适用于规定格式以外的涉及卫生检疫、食品卫生检验、动植物检疫等证书。如卫生证、健康证、兽医证、农残证书、奶槽车检验证书等。

（3）格式 E－3 空白证书：适用于需要正反面打印的证书。如输欧盟水产品和肠衣的卫生证书等。

11. 其他。“证书续页”：适用于多页证书的情况。

（二）凭单部分

凭单类分为申请单类、通关类、结果类、通知类、凭证类。

1. 申请单类。

（1）编号 1－1“入境货物报检单”：适用于对入境货物（包括废旧物品）、包装铺垫材料、装载法检货物的集装箱，以及外商投资财产鉴定的申报。

（2）编号 1－2“出境货物报检单”：适用于对出境货物（包括废旧物品）、包装铺垫材料、装载法检货物的集装箱等的申报。

（3）编号 1－3“出入境货物包装检验申请单”：适用于对出境货物运输包装性能检验和危险货物包装适用鉴定的申请。

（4）编号 1－4C“航海健康申报书”：出入境船舶船方向口岸检验检疫机构提供的书面健康报告（中文版）。

（5）编号 1－4E“航海健康申报书”：出入境船舶船方向口岸检验检疫机构提供的书面健康报告（英文版）。

（6）编号 1－4－1“压舱水申报单”：适用于国际航行船舶在入境时船方就压舱水装载和排放情况向口岸检验检疫机构的申报。

（7）编号 1－4－2“列车健康申报单”：适用于出入境火车向口岸检验检疫机构的申报。

（8）编号 1－5“船舶免于卫生控制措施证书/船舶卫生控制措施证书申请书”：适用于需要对船舶免于采取/采取卫生控制措施的申请。

（9）编号 1－6“出入境检疫健康申明卡”：适用于国内外发生重大传染疫情时出入境旅客健康声明和携带物申报。

（10）编号 1－7“预防接种申请书”：适用于预防接种的申请。

（11）编号 1－8“更改申请书”：适用于报检人申请更改、补充或者重发证书以及撤销报检等情况。

（12）编号 1－9“出/入境集装箱报检单”：适用于出入境空集装箱和装载非法检货物的集装箱检验检疫的申报。对于装载列入《出入境检验检疫机构实施检验检疫的进出境商品目录》内货物的集装箱应与货物一并申报，适用编号 1－1 或编号 1－2。

（13）编号1－10“出入境人员健康检查申请表”：适用于出入境人员的健康检查。

（14）编号0－1“进境动植物检疫许可证申请表”：适用于进出境动植物检疫法律法规需要审批的进境动物（含过境动物）、动植物产品和需要特许审批的禁止进境物，及《农业转基因生物安全管理条例》规定的过境转基因产品的检疫审批，包括：①动物、动物产品及动物遗传物质（精液、胚胎、种蛋、受精卵）；②水果、土壤、栽培介质、烟叶、谷物（小麦、玉米、大米、稻谷、大麦、黑麦、燕麦、高粱、麦芽、面粉等）、豆类（大豆、绿豆、豌豆、赤豆、蚕豆、鹰嘴豆等）、薯类（马铃薯、木薯、甘薯粉等）及其饲料（麦麸、豆饼、豆粕等）；③因科学研究等特殊需要引进的植物微生物、昆虫、螨类、软体动物及其他转基因生物材料和国家禁止入境的植物繁殖材料；④许可证由各直属局初审，国家质检总局签发。

（15）编号0－2“国境口岸储存场地卫生许可证申请书”：适用于国境口岸储存进出口货物的场所（如保税仓、集装箱装卸场地、冷库等）领取卫生许可证的申请。

（16）编号0－3“国境口岸服务行业卫生许可证申请书”：适用于国境口岸的宾馆、餐厅、小卖部、公共场所等服务行业经营单位领取卫生许可证的申请。

（17）编号0－4“国境口岸食品生产经营单位卫生许可证申请书”：适用于在国境口岸和交通工具从事食品生产经营的单位，领取卫生许可证的申请。

（18）“出口食品生产企业卫生注册登记申请表”：适用于出口食品生产、加工、储存企业申请办理卫生注册登记。

（19）“进出口电池产品备案申请表”：适用于进出口电池产品的备案申请。

（20）“进口涂料备案申请表”：适用于进口涂料的备案申请。

2. 通关类。

（1）编号2－1－1“入境货物通关单”：适用于在本地报关并实施检验检疫的入境货物的通关，包括调离海关监管区。此单三联，仅供通关用。

（2）编号2－1－2“入境货物通关单”：适用于①在本地报关，由异地检验检疫的入境货物的通关，包括调离海关监管区；②需实施通关前查验，且经查验合格、火警查验不合格但可进行有效处理的入境货物。此单四联，供通关用。其第2、3、4联名称为“入境货物调离通知单”，对动植物及其产品，可作为运递证明。

（3）编号2－2“出境货物通关单”：适用于国家法律法规规定必须经检验检疫合格的出境货物（包括废旧物品、集装箱、包装铺垫材料等）的通关。此单也是检验检疫机构对出境货物的放行单。

（4）编号2－3“尸体/棺柩/骸骨/骨灰入/出境许可证”：尸体、棺柩、骸骨、骨灰经检查符合卫生要求并准予出/入境的凭证。

3. 结果类。

（1）编号3－1“进口机动车辆随车检验单”：用于进口机动车辆检验，每车一单。

（2）编号3－2“出境货物运输包装性能检验结果单”：适用于经检验合格的出境货物包装性能检验。

（3）编号3－3“出境货物包装容器使用鉴定结果单”：适用于证明包装容器适合装载出境危险货物。

（4）编号 3－4“集装箱检验检疫结果单”：适用于①装运出口易腐烂变质食品、冷冻品集装箱的适载检验以及装载其他法检货物集装箱的检验；②出入境集装箱的卫生检疫和动植物检疫。

（5）编号 3－5“放射监测/处理报告单”：适用于对放射性物质实施监测或处理。

4. 通知类。

（1）编号 4－1“入境货物检验检疫情况通知单”：适用于①入境货物分港卸货或集中卸货分拨数地的检验检疫情况通知；②进境成套设备数量清点以后同意安装调试等。

（2）编号 4－2“检验检疫处理通知单”：适用于①对运输工具（含饮用水、压舱水、垃圾和污水等）、集装箱、邮寄物、货物的检疫处理以及放射性监测；②对入境废旧物品进行检疫处理；③食品经检验检疫不合格，须进行检验检疫处理。

（3）编号 4－3“出境货物不合格通知单”：适用于经检验检疫不合格的出境货物、包装等。

（4）编号 4－6“提请提前出境书”：用于境外人员被发现有限制入境的疾病时签发，以通知和协同有关部门责令其限期出境。

5. 凭证类。

（1）编号 5－1“入境货物检验检疫证明”：适用于经检验检疫后同意销售、使用或安装调试的法检入境货物（食品、食品添加剂等暂用格式 9－2 卫生证书），作为入境货物检验检疫合格准予销售或使用的凭证，也是检验检疫机构对入境货物的放行单。

（2）编号 5－2“进口机动车辆检验证明”：适用于进口机动车辆换领行车牌证。

（3）编号 5－3“出境货物换证凭单”：适用于①对未正式呈交的经预验符合要求的货物；②产地检验检疫合格，口岸查验换证（单）的出境货物。此单仅用于检验检疫系统内部的换证。

（4）编号 5－4“抽/采样凭证”：适用于检验检疫机构抽取/采集样品时向被抽/采样单位出具的凭证。

（5）编号 5－5“出入境人员携带物留检/处理凭证”：适用于对出入境旅客携带动植物及其产品的留验处理。

（6）编号 5－6“国际旅行人员留验/隔离证明”：适用于①对染疫人签发隔离证书；②对染疫嫌疑人签发留验证书。

（7）编号 5－7“境外人员体格检查记录验证证明”：适用于对外籍人士、港澳台人员、华侨和非居住在中国境内的中国公民在境外经体格检查后所出具的体格检查记录的验证，合格者签发此证。

（8）编号 5－8“预防接种禁忌证明”：适用于出入境人员需实施预防接种而其本人又患有不适于预防接种之禁忌症者。

（三）监管部分

1. 动植物检疫审批类。格式 0－1 进境动植物检疫许可证：适用于法律法规规定需要审批的进境动物（含过境动物）、动植物产品和需要特许审批的禁止进境物，以及《农业转基因生物安全管理条例》规定的过境转基因产品的检疫审批。

2. 口岸卫生监督类。

（1）格式 0－2 国境口岸储存场地卫生许可证：适用于国境口岸储存进出口货物的场地（如保税仓、集装箱装卸场地、冷库等）的卫生许可。

（2）格式 0－3 国境口岸服务行业卫生许可证：适用于国境口岸的宾馆、餐厅、小卖部、公共场所等服务行业经营单位，作为准予营业的凭证。

（3）格式 0－4 国境食品生产经营单位卫生许可证：适用于在国境口岸和交通工具从事食品生产经营的单位，作为准予经营的凭证。

（4）格式 0－5“健康证明书”：对在国境口岸和交通工具从事饮食、饮用水工作人员以及口岸公共场所服务人员的简况证明。

3. 卫生检疫类。

（1）编号 0－5 入/出境特殊物品卫生检疫审批单：适用于对微生物、人体组织、生物制品、血液及其制品等特殊物品的携带人、托运人或代理人办理出/入境手续的检疫审批，是对申报出/入境的特殊物品审核许可后出具的许可证明。

（2）编号 0－7 艾滋病检验报告单：适用于经采血样进行艾滋病检验后签发的报告单。

（3）编号 0－7HIV 抗体初筛阳性送检化验单：适用于经艾滋病初筛试验血清学检测有反应，送确诊实验室确认检验。

（4）国际旅行人员健康检查记录：适用于出入境人员传染病监测体检结果记录。

（5）编号 0－9 国境口岸及入/出境交通工具食品饮用水从业人员体检表：适用于国境口岸公共场所和入/出境交通工具、食品饮用水从业人员实施体格检查的结果记录。

（6）编号 0－11 出入境人员传染病报告卡：适用于在出入境人员传染病监测中发现的检疫传染病、监测传染病及传染病防治法规定的其他传染病，在规定的时间内向有关部门上报疫情，并在传染病病例死亡或订正诊断结果时上报。

（7）《就诊方便卡》：对来自检疫传染病和监测传染病疫区的人员，检疫医师根据流行病学核医学检查的结果发给的就诊方便卡。各地医疗单位对持有就诊方便卡的人员，应当优先诊治。

4. 食品监管类。

（1）卫生注册证书：适用于经审核后对符合卫生注册要求的出口食品生产、加工、储存企业签发。

（2）卫生登记证书：适用于经审核后对符合卫生登记要求的出口食品生产、加工、储存企业签发。

5. 检验监管类。

（1）进出口电池产品备案书：适用于对不含汞的电池产品和经汞含量检测合格后取得《电池产品汞含量检测合格确认书》的含汞电池产品签发。

（2）进口涂料备案书：适用于对经专项检测合格的进口涂料签发，用于进口涂料的备案登记。

（3）自行车产品型式试验确认书：适用于自行车产品型式试验合格后签发。

（4）电器产品型式试验确认书：适用于电器产品型式试验合格后签发。

（5）进出口商品免验申请表：适用于进出口商品的免验申请，由进出口商品的收货人、发货人或者其生产企业提出。

（6）进出口商品免验证书：适用于对申请免验进出口商品，经总局审核，批准该商品予以免验时签发。

（四）海峡两岸直航交通工具检验检疫专用证单

2008 年 11 月 4 日，海峡两岸关系协会会长陈云林与台湾海峡交流基金会董事长江丙坤在台北签署了《海峡两岸海运协议》。从事两岸试点直航运输、两岸三地集装箱（货柜）班轮运输、砂石运输的两岸海上运输船，经特别许可，使用特别证单（2009 年 4 月 1 日正式启用），可按照协议有关船舶识别等规定，从事两岸间海上直接运输。

三、检验检疫证单的签发程序

（一）原始记录

原始记录是检验检疫工作全过程的记载，是缮制检验检疫证单的基础和依据，也是日后备查的第一手材料，包括：

1. 识别部分，如报检号、申请人、收/发货人、品名、数/重量、货物总值等项。
2. 检验检疫部分，如检验检疫依据、抽样纪录、检验项目内容。
3. 综合评定。
4. 检验检疫结果处理情况。
5. 核签等。

（二）拟制证稿

1. 拟制证稿是检验检疫人员完成检验检疫，获得受检对象品质、规格、数/重量、包装、安全、卫生等事实状态的技术数据并做好原始记录后，使用合理的证明结构和规范的证明用语，将工作过程和结果转换成具有证明力的证明文稿的过程。

2. 在保证检验检疫证单的合法性、真实性和准确性的前提下，证稿的拟制必须遵循"货证相符"、"事证相符"、"证证相符"的基本原则。

（三）审核证稿

施检部门审核报检单和证稿内容是否符合法律法规的规定，是否与合同、信用证规定相符，译文是否正确。

（四）证单复审

证单复审是检务部门对施检部门提交的证单再一次进行审核把关的过程，包括：审核原始记录、证稿等签证依据是否齐备，根据合同或信用证及技术规范的强制性要求和法律法规的规定，格式是否规范、内容是否完整、文字是否流畅、用语是否恰当、译文是否准确、是否与合同或信用证的规定相符等。

（五）缮制单据

制证人员根据报检单申请项目及证稿内容打印相应种类和份数的证单。制证是检验检疫证单签发工作的一个重要环节，代表着检验检疫机构的形象。

（六）校对

校对工作是保证高质量证单的重要环节之一。

（七）签署和盖章

1. 分别由官方兽医、检疫医师、医师、授权签字人签发；

2. 需国外官方机构备案的签字人签发的证书，由备案签字人签发；

3. 签证印章管理人员在核对证书签字人授权和正确签字后，加盖签证印章。

（八）发证归档

发证归档是签证工作的最后一个环节，也是整个检验检疫工作的最后一个环节；报检人应及时领取，领证时注意检查是否正确，并注意出证的时间和有效期。

相关链接

检验检疫证单签发程序

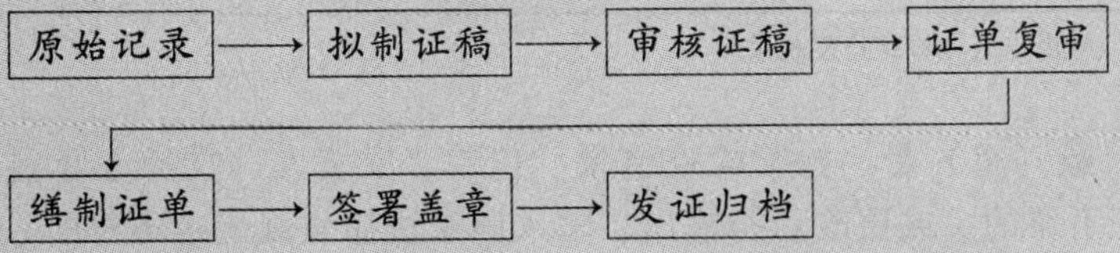

四、检验检疫证单的更改、补充和重发

在检验检疫机构签发检验检疫证单后，报检人要求更改或补充内容的，应向原证书签发检验检疫机构提出申请，经核实批准后予以办理。

（一）更改

1. 报检人申请更改证单时，应将原证书正副本退还，填写"更改申请单"（如表 6－1 所示），书面说明更改原因及要求，并附有关函电等证明单据。因特殊原因不能退回原发证书正副本的，报检人还需书面说明理由，法定代表人签字、加盖公章，并在指定的报纸上声明作废后，报检务部门审批。

表 6－1　　中华人民共和国出入境检验检疫

更改申请单

日期：　年　月　日　　　　　　　　＊编号：

申请人 （加盖公章）		联系人 电话	
原发证单种类		原发证单编号	
货物品名及数量		交还原证单	正本　份　副本　份
申请摘要	更改内容：		
	更改原因：		
领证人签名：			日期：　年　月　日

*以下栏目由检验检疫机关填写

施检部门意见： 签字：　　　　　　　　　　　　　日期：　年　月　日
检务部门意见： 签字：　　　　　　　　　　　　　日期：　年　月　日

注：有“*”号由出入境检验检疫机关填写。

2. 品名、数（重）量、检验检疫结果、包装、发货人、收货人等重要项目更改后与合同、信用证不符的，或更改后与输出、输入国家法律法规规定不符的，均不能更改。

3. 通关电子数据已被海关使用并比对成功的，不予办理更改手续。

4. 直通放行的出口货物需要更改通关单的，企业应交回原通关单，在产地检验检疫机构办理更改手续；特殊情况无法在产地更改通关单的，可向口岸检验检疫机构提出书面申请，口岸检验检疫机构根据产地检验检疫机构更改后的电子放行信息办理更改手续，并收回原通关单。

相关链接

检验检疫证单的修订

● 退回原证单的，签发日期为原证签发日期；不能退回原证单的，更改后的证单（REVISION）在原证编号前加“R”，并在证单上加注“本证书/单系××日签发的××号证书/单的更正，原发×××号证书/单作废”，签发日期为更改证单的实际签发日期。

● 签发重发证单（DUPLICATE），退回原证单的，签发日期为原证签发日期；不能退回原证单的，在原证编号前加“D”，并在证单上加注“本证书/单系××日签发的×××号证书/单的重本，原发×××号证书/单作废”，签发日期为重发证单的实际签发日期。

● 签发补充证单（SUPPLEMENT），在原编号前加“S”，并在证单上加注“本证书/单系××日签发的×××号证书/单的补充”，签发日期为补充证单的实际签发日期。

（资料来源：国家质检总局关于印发《出入境检验检疫签证管理办法》的通知。）

（二）补充

1. 检验检疫机构发出证单后，需要补充的原因如下：

（1）交接、索赔、结汇等各种需要；

（2）报检人要求补充检验检疫项目；

（3）发现该批货物的其他缺陷或产生缺陷的原因等。

2. 为了进一步说明这些情况，检验检疫机构可以在原订单的基础上酌情签发补充证单，对原证单的不充分或遗漏部分作进一步说明或评定。

3. 报检人需要补充证书内容时，应填写“更改申请书”，办理申请手续，并出具书面证明材料，说明要求补充的理由，经检验检疫机构核准后据实签发补充证单。

4. 补充证单应与原证单同时使用。

（三）重发

1. 申请人在领取检验检疫证单后，因故遗失或损坏，须提供经法人代表签字、加盖公章的书面说明，经检验检疫机构核准后在指定的报纸上声明作废。

2. 经原发证的检验检疫机构审核批准后，方能重新签发证单。

（四）超期

超过检验检疫证单有效期的，不予更改、补充或重发。

第二节 签　证

一、检验检疫对签证的主要规定

（一）检验检疫证单的结构

1. 标识部分。

（1）证单抬头。位于证书顶部，出入境检验检疫证单的抬头由“中华人民共和国出入境检验检疫”和“CIQ”标志组成。

（2）证单名称。

2. 识别部分。

（1）显示与受检物有关的一些信息，不包括施检结果或证明部分。

（2）收发货人、品名及规格、数（重）量、包装、运输工具、发货口岸及日期等。

3. 证体部分。指检验检疫结果和证明内容，包括受检物的存在状态及包装情况、检验检疫方式或抽样情况、实施检验检疫的情况及结果等，这部分是检验检疫单证的核心。

4. 签证部分。包括签证日期、签证地点、授权签字人及手签、签证印章等。

5. 备注。附加声明所列，为与检验检疫内容无关的项目内容。

6. 免责条款。按国际惯例、以往行政纠纷和司法案例加注免责条款，一般固定印刷在证单上。

7. 其他。如证单编号、证单格式、证单印刷号等。

相关链接

检验检疫证单免责条款

- 我们已尽所知和最大能力实施上述检验，不能因我们签发本证书而免除卖方或其他方面根据合同和法律所承担的产品质量责任和其他责任。

All inspection are carried out conscientiously to the best of our knowledge and ability. This certificate does not in any respect absolve the seller and other related parties from his contractual and legal obligations especially when product quality is concerned.

- 中华人民共和国出入境检验检疫机关及其官员或代表不承担签发本证书的任何财经责任。

No financial liability with respect to this certificate shall attach to the entry – exit inspection and quarantine authorities of P. R. China or of its officers or representative.

（资料来源：中华人民共和国进出境检验检疫证单格式条款。）

（二）检验检疫证单语言、格式及有效期

检验检疫证书必须严格按照国家质检总局制定或批准的格式，分别使用英文、中文、中英文合璧签发。

1. 全部使用中文签证的情况：

（1）供国内有关部门使用的证单，如结果类、通知类、凭证类证单；

（2）供港澳台客户或政府部门使用，不要求使用外文的证单，如一些索赔证书、兽医卫生证书等；

（3）外贸合同、信用证均为中文且进口商对文种无明确要求的证书。

2. 使用外文签证的情况：

（1）个别出口证书，如啤酒花证书；

（2）各类原产地证书。

3. 使用中英文合璧签证的情况：

（1）涉及对外索赔、结算的证书一般使用中英文合璧签发；

（2）一些专业技术性较强的证书用中英文合璧签发，如入境货物检验检疫证书等；

（3）政策性较强的证书多用中英文合璧签发，如兽医卫生类证书、动植物检疫类证单等。

（三）签证规定

1. 签证流程的受理、审单、计费、缮制与审校证单、签发证单、归档由检务部门负责和集中办理，收费由财务部门负责，拟制与审签证稿由施检部门负责。

提示：兽医官、授权检疫官、检疫医师、医师、授权签字人等签名后方签发证单；缮制证单人员不得同时承担签发证单工作。

2. 施检部门应根据检验检疫结果和合格评定标准，及时、准确地按照规定的证单种类、证单格式和证稿拟制规范拟制检验检疫证稿。

提示：

- 涉及品质检验的包括抽（采）样情况、检验依据、检验结果、评定意见四项基本内容；
- 证稿应符合有关法律法规、进口国（或地区）对证书内容的要求以及国际贸易通行的做法，用词准确，文字通顺，符合逻辑。

（四）电子报检单证

1. 按规定使用计算机业务管理系统签发的电子证单及其签证信息与纸质证单在全国检验检疫系统内等效。

2. 受理入境流向货物检验申请时，需凭电子转单信息受理报检；因特殊原因无法正常调用电子转单信息的，可按一般报检流程受理，但需在报检的“特殊要求”栏内注明入境口岸检验检疫机构签发的通关单号。

3. 对信用等级高且具备电子方式传输随附单证条件的报检人，经检验检疫机构批准，可凭电子形式的随附单证受理报检。

4. 采用电子审单的，应结合电子审单指令对报检单及随附单证进行审核。

（五）签发要求

1. 一般规定。

（1）受理口岸查验换证申请时，应要求报检人提供出境货物换证凭条或注明“一般报检”的“出境货物换证凭单”正本。

（2）国外对检验检疫证书有备案要求的，由国家质检总局统一办理。

（3）一般情况下，检验检疫证单只签发一份正本。

相关链接

特殊情况下检验检疫证单份数

特殊情况下要求两份或两份以上正本，经检务部门负责人审批同意，并在证书备注栏内注明“本证书是×××号证书正本的重本”；证书的数量、重量栏目中数字前应加限制符“* *”；证书的证明内容编制结束后，应在下一行中间位置打上结束符“* * * *”。加注证明内容以外的有关项目的，应加注在证书结束符号上面。

（4）进口国（或地区）有要求或用于索赔、结算等的证书，可根据需要在备注栏内加注检验检疫费金额。

（5）入境货物发生品质、重量或残损等问题，应根据致损原因、责任对象的不同，分别出证。因多种原因造成综合损失的变质、短重或残损，可以汇总出证，但应具体列明不同的致损原因。

（6）入境货物一批到货分拨数地的，由口岸检验检疫机构出证。

（7）入境货物检验检疫不合格或对外签发索赔证书的，其证稿应由施检部门负责人审签。

相关链接

需施检部门领导核准证单的情形：

- 案情复杂、索赔数额较大或损失较大的；
- 其他机构检验或收用货单位自行验收，其结果与检验检疫机构检验检疫结果相差较大的；
- 办理异地检验检疫汇总出证，汇总签证机构需要改变原评定意见的；
- 经检验检疫不合格，需作销毁或退运处理的。

（8）一份证书涉及多个施检部门的，由施检部门拟制证稿并组织会签。

（9）对产地检验检疫口岸查验换证的出境货物，应报检人申请，需要在口岸更改或补充原证单的内容的，口岸检验检疫机构凭产地检验检疫机构书面委托办理。

2. 检验检疫证单的签发日期和有效期。检验检疫证单的有效期不得超过检验检疫有效期，具体由施检部门根据国家有关规定确定。

（1）检验检疫证单一般应以检讫日期作为签发日期。

（2）“入境货物通关单”的有效期为60天。

（3）一般报检的“出境货物换证凭单”（含电子转单方式）和“出境货物通关单”的有效期，一般货物为60天，植物和植物产品为21天（北方冬季可适当延长至35天），鲜活类货物为14天。

（4）用于电讯卫生检疫的交通工具卫生证书的有效期，用于船舶的为12个月，用于飞机、列车的为6个月。

（5）船舶免于卫生控制措施证书/船舶卫生控制措施证书的有效期为6个月。

（6）国际旅行健康证明书有效期为12个月。

（7）疫苗接种或预防措施国际证书的有效时限根据疫苗的有效保护期确定为准，国家质检总局对检验检疫证单有效期另有规定的从其规定。

（8）检务部门签发证单，出境应在收到证稿后2个工作日、入境应在收到证稿后3个工作日内完成，特殊情况除外。

二、申请签证应注意的事项

1. 检验检疫证单的签发应符合国家法律法规以及国际惯例的有关要求。

2. 报检人在申请签发检验检疫单证时应了解检验检疫机构签证的有关规定。

3. 法定检验检疫出境货物，合格的签发“出境货物通关单”，作为海关核放货物的依据；不合格的，出具“出境货物不合格通知单”。

4. 法定检验检疫入境货物，先签发“入境货物通关单”，海关据以验放，合格后签发“入境货物检验检疫证明”；不合格的签发相关证书供索赔。

第三节
通关与放行

通关与放行是指检验检疫机构对符合要求的法定检验检疫出入境货物、符合卫生检疫要求的出入境运输工具、集装箱等出具规定的证明文件，表示准予出入境并由海关监管验放的一种行政执法行为。

一、通关与放行的目的和要求

列入《法检目录》的进出口货物，检验检疫机构应签发“入境货物通关单”或“出境货物通关单”交由货主办理通关手续，并按有关规定实施通关单联网核查。

（一）入境货物放行要求

1. 放行时应审核检验检疫所需合同、发票、提单等单据是否齐全，申请放行的商品的品名、规格、数量、唛头是否与所附单据相符。

2. 申请品质检验的还应审核是否有国外品质证书或质量保证书。

3. 放行入境废物、动植物及其产品，以及列入《实施强制性产品认证的产品目录》内的商品，须审核相关证单是否符合规定要求。

（二）出境货物放行要求

1. 受理报检后，先检验检疫，后通关放行。

2. 法检出境货物必须提供“出境货物通关单”，海关凭以验放。

3. 产地和报关地一致的，检验检疫合格，直接出具“出境货物通关单”报关；不合格，签发“出境货物不合格通知单”，不准出口。

4. 要求“证证相符”、“货证相符”。

二、检验检疫对放行的主要规定

（一）入境货物的放行

1. 入境货物由报关地检验检疫机构签发“入境货物通关单”（三联）。

2. 需由目的地检验检疫机构施检的，签发“入境货物通关单”（四联），并将通关单相关电子信息及“入境货物调离通知单”（流向联，通关单的第2、3、4联）传递给目的地检验检疫机构，通关单备注栏内注明目的地收货单位的联系信息。

3. 需实施通关前查验的入境货物，经查验合格，或经查验不合格但可进行有效处理的，签发“入境货物通关单”；经查验不合格又无有效处理方法，需作退货或销毁处理的，签发“检验检疫处理通知书”，并书面告知海关和当事人。

4. 入境货物通关后经检验检疫合格，或经检验检疫不合格但已进行有效处理合格的，签发“入境货物检验检疫证明”，进口食品还需签发卫生证书；不合格需作退货或销毁处理的，签发“检验检疫处理通知书”，并书面告知海关和当事人。

（二）出境货物的放行

1. “一般报检”的出境货物，分两种情况：

（1）产地检验合格，在产地报关的，由产地检验检疫机构签发“出境货物通关单”和有关证书。

（2）产地检验检疫合格并在异地口岸报关的，由产地检验检疫机构签发有关证书，并出具注明“一般报检”的“出境货物换证凭单”；实施电子转单的，不再出具纸质的换证凭单，提供“出境货物转单凭条”，附报检单号、转单号及密码。报关地检验检疫机构凭“出境货物换证凭单”正本或电子转单信息受理换证申请。

2. 换证报检的出境货物。

（1）预检货物经检验检疫合格的，出具标明“预检”字样的“出境货物换证凭单”，预验货物不得实施电子转单。该单须在原签发机构或其直属局范围内授权的机构办理一般报检手续后方可实施电子转单，换发通关单。

（2）报关地检验检疫机构凭产地检验检疫机构出具的“出境货物换证凭单”正本或电子转单信息受理换证申请，并按规定比例对出口货物进行口岸查验，合格的出具“出境货物通关单”，查验不合格的签发“出境货物不合格通知单”。

（3）不得凭标明“预验”字样的“出境货物换证凭单”换发通关单。

（4）可以使用“出境货物换证凭单”作为生产原料的检验检测报告，但须注明“原料供应”字样，并不得实施电子转单或凭以直接签发通关单。

（5）分批出境的，经核准可在“出境货物换证凭单”正本上核销本批出境货物的数量并留下复印件存档，正本退回报检人；整批货物全部出境后收回换证凭单正本存档；电子转单一次有效，不得分批核销。

（6）经口岸核查货证不合格的，签发“出境货物不合格通知单”。

（7）实施电子监管等方式监管并符合快速核放条件的出境货物，可由检务部门直接签发通关单或实施电子转单。

（8）出入境人员接受检疫查验和健康检查的，按卫生检疫的有关规定签发证明或证书。

3. 实施绿色通道、直通放行等通关便利措施的货物，按有关规定办理放行手续。

提示：绿色通道与直通放行都属于进出口检验检疫快速核放机制，绿色通道主要针对外贸及出口加工企业，而直通放行对象主要是进出境货物、商品等。

（三）未列入《法检商品目录》出入境货物的放行

1. 进口可再利用的废物原料。海关凭检验检疫机构签发的“入境货物通关单”验放，备注栏应注明“上述货物经初步查验，未发现不符合环境保护要求的物质”。

2. 进口旧机电产品。海关凭检验检疫机构签发的“入境货物通关单”验放，备注栏应注明“旧机电产品进口备案”。

3. 进口发生短少、残损或其他质量问题，对外索赔的赔付货物。海关凭检验检疫机构签发用于索赔的检验证书副本验放。

4. 尸体、棺柩、骸骨入出境。由报关地检验检疫机构签发的“尸体/棺柩/骸骨入出境放行证明”验放。

5. 除上述情况外，其他未列入《法检商品目录》，但国家有关法律、法规明确由检验检疫机构负责检验检疫的特殊物品，海关一律凭检验检疫机构签发的“入境货物通关单”或“出境货物通关单”验放。

（四）运输工具、集装箱的放行

出境运输工具、集装箱申报后，符合检验检疫要求的，按相关规定签发检验检疫证单予以放行。需检疫除害处理的，处理后签发检疫处理证书予以放行。

（五）出入境人员的放行

接受检疫查验和健康检查的，按卫生检疫的有关规定签发证明或证书予以放行。

三、直通放行制度

直通放行是指检验检疫机构对符合规定条件的进出口货物实施便捷高效的检验检疫放行方式，包括进口直通放行和出口直通放行。

（一）实施直通放行的企业需满足的条件

1. 严格遵守国家出入境检验检疫法律法规，两年内无行政处罚记录；

2. 检验检疫诚信管理（分类管理）中的 A 类企业（一类企业）；

3. 年进出口额在 150 万美元以上；

4. 已实施 HACCP 或 ISO9000 质量管理体系，并获得相关机构颁发的质量体系评审合格证书；

5. 出口企业同时应具备对产品质量安全进行有效控制的能力，产品质量稳定，检验检疫机构实施检验检疫的年批次检验检疫合格率不低于 99%，一年内未发生由于产品质量原因引起的退货、理赔或其他事故；

6. 直通放行企业报检时，可以自愿选择检验检疫直通放行方式或原放行方式。

（二）出口直通放行

1. 例外情况。申请实施出口直通放行的货物应在《实施出口直通放行货物目录》内，但下列情况不实施出口直通放行：

（1）散装货物；

（2）出口援外物资和市场采购货物；

（3）在口岸更换包装、分批出运或重新拼装的；

（4）双边协定、进口国或地区要求等须在口岸出具检验检疫证书的；

（5）总局规定其他不适宜实施直通放行的情况。

2. 具体操作。

（1）货物选择直通放行方式的，企业在产地检验检疫机构办理报检手续时，应申请出具“出境货物通关单”，并在报检单上注明“直通放行”字样。

（2）产地机构检验检疫合格并对货物集装箱加施封识后，直接签发通关单，在通关单备注栏注明出境口岸、集装箱号、封识号，同时向海关发送通关单电子数据。口岸检验检疫机构对到达口岸的直通放行货物实施随机查验，发现封识丢失、损坏、封识号有误或箱体破损等异常情况，要进一步核查，并将情况及时反馈产地机构。

（3）实施出口直通放行的货物需更改通关单的，报检人应向产地机构申请办理更改手续并领取新的通关单，同时交还原通关单。

（4）因特殊情况无法在产地领取更改后的通关单的，发货人或其代理人可向口岸机构提出书面申请，口岸机构根据产地检验检疫机构更改后的电子放行信息发放通关单，并收回原通关单。

（三）进口直通放行

1. 申请进口直通放行货物应符合以下所有条件：

（1）未列入《不实施进口直通放行货物目录》；

（2）来自非疫区（含动植物疫区和传染病疫区）；

（3）用原集装箱直接运输至目的地；

（4）不属于国家质检总局规定须在口岸进行查验或处理的范围。

2. 货物经检验检疫不合格且无有效检疫处理或技术处理方法的，由目的地检验检疫机构监督实施销毁或退货处理。

[复习思考题]

一、单选题

1. 某企业进口一批货物，经检验检疫机构检验后发现该批货物不合格，该企业可以向检验检疫机构申请签发(　　)，用于对外索赔。

A. 入境货物通关单　　B. 入境货物调离通知单

C. 检验证书　　D. 入境货物处理通知单

2. 检验检疫机构签发的证单一般以(　　)作为签发日期。

A. 报检日期　　B. 实检日期

C. 检验检疫完成日期　　D. 领证日期

3. 检验检疫机构签发检验检疫证单后，报检人要求补充内容的，应办理申请手续，填写(　　)，并出具书面证明材料。

A. 报检申请单　　B. 补充申请单

C. 更改申请单　　D. 变更申请单

4. 检验检疫机构签发检验检疫证单后，报检人要求更改或补充内容的，应向(　　)提出申请，经检验检疫机构核实批准后，按规定予以办理。

A. 就近的检验检疫机构　　B. 直属检验检疫机构

C. 分支检验检疫机构　　D. 原证书签发检验检疫机构

5. 出境货物通关单的有效期，一般商品为(　　)天；植物及植物产品为(　　)天；鲜活商品为(　　)天。

A. 30，14，7　　B. 30，21，14

C. 60，21，7　　D. 60，21，14

6. 检验检疫证书的格式由(　　)制定或批准。

A. 国家质检总局　　B. 检验检疫机构
C. 各地行政机关　　D. 国务院

二、多选题

1. 以下出口货物，其“出境货物通关单”有效期为21天的有(　　)。
A. 活鱼　　B. 巧克力饼干
C. 绿豆　　D. 柳条筐
2. 下列出境货物的出运期限及有关检验检疫证单的有效期不正确的是(　　)。
A. 一般货物为30天
B. 植物和植物产品为21天，北方冬季可适当延长至35天
C. 鲜活类货物为10天
D. 换证凭单以标明的检验检疫有效期为准
3. 下列有关检验检疫证单描述正确的是(　　)。
A. 检验检疫证单的法律效力由出入境检验检疫机构的法律地位决定
B. 凡列入《法检商品目录》范围的进出口货物（包括转关运输货物），海关一律凭货物报关地检验检疫机构签发的“入境货物通关单”或“出境货物通关单”验放
C. 通关单电子数据已被海关使用并比对成功的，不予办理通关单更改手续
D. 检验检疫机构签发的证单一般以验讫日期作为签发日期
4. 出境货物经检疫合格后，凡有下列情况之一不能更改的有(　　)。
A. 超过检验检疫有效期的
B. 变更输入国家或地区，并有不同检验检疫要求的
C. 改换包装或重新包装的
D. 已撤销报检的
5. 下列有关检验检疫证单作用描述正确的是(　　)。
A. 在国际贸易中，检验检疫机构所签发的各种检验检疫证书是确保所交易的货物符合合约规定的有效凭证
B. 在国际贸易中，发生商务纠纷和争议时，检验检疫机构所签发的证书是证明事实状态，明确责任归属的重要凭证
C. 检验检疫证书在诉讼时是举证的有效证明文件
D. 价值鉴定证书是证明投资各方投入财产价值量的有效依据
6. 检验检疫机构签发证单后，下列表述正确的是(　　)。
A. 报检人要求更改或补充内容的，应向原证书签发检验检疫机构提出申请，经核实批准后予以办理
B. 任何单位或个人不得擅自更改检验检疫证书内容，伪造或变造检验检疫证书属于违法行为
C. 报检人要求补充检验项目，应办理补充申请手续，填写“更改申请单”，补充证书与原证书同时使用有效

D. 报检人要求更改证单内容的，经审批同意后方可办理更改手续。品名、数（重）量、包装、发货人、收货人等重要项目更改后与合同、信用证不符的，或者更改后与输入国家法律法规规定不符的，均不能更改

三、判断题

1. “出境货物通关单”以验讫日期作为签发日期，用于结汇的检验证书以信用证要求的日期作为签发日期。（　）

2. 特殊情况下，合同或信用证要求两份证书正本，且难以更改合同或信用证的，经审批同意，检验检疫机构可以签发两份证书正本。（　）

3. 若检验检疫证书遗失，申请人应持经法定代表人签字、加盖公章的书面说明并在指定的报纸上登报声明作废后，到签发原证书的检验检疫机构重新补发证书。（　）

4. 检验检疫证书必须经公证机构公正，方可作为仲裁或诉讼的证明文件。（　）

5. 在检验检疫证书签发后，报检人要求更改证单内容，品名、数（重）量、检验检疫结果、包装、发货人、收货人等重要项目更改后与合同、信用证不符的，或者更改后与输入国家法律法规规定不符的，均不能更改。（　）

6. 一般情况下，检验检疫局只签发一份正本。（　）

四、简答题

1. 简述检验检疫证单的法律效用。
2. 简述“入境货物检验检疫证明”的适用范围。
3. 简述有关检验检疫证单的有效期。
4. 如何办理检验检疫证单的更改，哪些情况不能办理更改？

五、案例分析题

某年11月3日，我国辽宁省A公司和加拿大B公司以FOB术语签订了一份出口3 000公吨大豆的合同，B公司于12月1日以加拿大D银行为开证行开出了以A公司为受益人的信用证，信用证有效期为一个月。A公司接到信用证后开始备货、准备各项单据，12月4日取得了由检验检疫部门签发的出境货物通关单以及各项随附单据，但在此时B公司迟迟没有派船来接运货物，经A公司的反复催促，B公司于12月26日派来船只接运货物。

（资料来源：www.tafe.org.cn/news.）

思考：在A公司报关时，海关能否以A公司出境货物通关单有效期超过21天而不予通关？

第七章 电子检验检疫

学习目标

学习目标：

- □ 了解电子监管的法律依据及电子放行应注意的问题
- □ 熟悉电子申报应具备的条件
- □ 掌握电子申报、电子监管、电子放行的基本概念

技能要求：

- □ 通过对“三电工程”的了解和掌握，能在办公室通过网络报检、申请签证

第一节 电子申报

随着我国对外贸易的迅速发展，出入境检验检疫机构受理出入境货物报检的工作量随之增加。为了提高出入境检验检疫工作效率，国家质检总局推行了“三电工程”，即“电子申报、电子监管、电子放行”。由出入境货物电子报检、产地证电子签证和检验检疫系统内地与口岸的电子转单构成。“三电工程”的应用提高了工作效率，缩短了检验检疫周期，给进出口企业带来极大的便捷，有力地促进了我国对外经济贸易的发展。

电子申报是指报检人使用电子报检软件通过出入境检验检疫电子业务服务平台将报检数据以电子方式输给出入境检验检疫机构，经出入境检验检疫业务管理系统（CIQ2000）和检务人员处理后，将受理报检信息反馈报检人，实现远程办理出入境检验检疫报检的行为。

一、申请开通电子申报业务的手续

1. 申请开通电子申报的报检人应具备的条件：

（1）遵守报检的有关管理规定；

（2）已在检验检疫机构办理报检人登记备案或注册登记手续；

（3）具有经检验检疫机构培训考核合格的报检员；

（4）具备开展电子报检的软硬件条件；

（5）在国家质检总局指定的机构办理电子业务开户手续。申请时应提供报检人登记备案或注册登记证明复印件、“电子报检登记申请表”和“电子业务开户登记表”。

企业具备电子申报的软硬件条件：一是指企业具有可以上因特网的计算机设备；二是指企业安装了经国家质检总局评测认可的电子申报企业端软件或其他应用工具。

2. 报检人在申请开通电子申报时应提供的资料：

（1）在出入境检验检疫机构取得的报检人登记备案或注册登记证明文件；

（2）电子申报登记申请表（见表7-1）；

（3）电子业务开户登记表。

3. 出入境检验检疫机构应及时对开通申报业务的报检人进行审查。经审查合格的报检人可以开展电子申报业务。

表7-1　电子报检登记申请表

企业信息	登记注册号		报检类别	□自理报检　□代理报检
	企业名称			
	联系人			
	主要进出口货物			
	每月报检批次	进口：　批/每月 出口：　批/每月		
硬件条件	计算机品牌型号			
	CPU		内存	
	硬盘类型及容量	容量：　接口：□IDE 接口　□SCSI 接口		
	光驱类型	容量：　接口：□IDE 接口　□SCSI 接口　□其他		
	MODEM	型号：　速率：　KB/s		
	打印机	型号：　驱动：		
	操作系统			

续表

<table>
<tr><td>企业声明</td><td colspan="2">本企业申请安装电子报检软件，并作如下声明：
1. 在进行电子报检时遵守国家法律及出入境检验检疫法规、规章。
2. 保证电子报检中报检数据真实准确，保证不传输无效信息。
3. 保证通过电子报检所传输的报检数据与实际发货相符。
4. 如弄虚作假，自愿接受检验检疫机构的处罚并承担相关法律责任。

法人签字：

企业盖章：

年　月　日</td></tr>
<tr><td rowspan="4">检验检疫机构批复情况</td><td>意　见</td><td></td></tr>
<tr><td>批复人</td><td>年　月　日</td></tr>
<tr><td>电子报检信箱</td><td></td></tr>
<tr><td>备　注</td><td></td></tr>
</table>

二、实施电子申报的工作流程

（一）报检环节

1. 电子报检，对报检数据的审核采用“先机审，后人审”的程序进行。企业发送电子报检数据，电子审单中心按计算机系统数据规范和有关要求对数据进行自动审核，对不符合要求的，反馈错误信息；符合要求的，将报检信息传输给受理报检人员。受理报检人员人工进行再次审核，符合规定的将成功受理报检信息同时反馈报检单位和施检部门，并提示报检企业与相应的施检部门联系检验检疫事宜。

2. 出境货物受理电子报检后，报检人应按受理报检信息的要求，在检验检疫机构施检时提交报检单和随附单据。

3. 入境货物受理电子报检后，报检人应按受理报检信息的要求，在领取入境货物通关单时，提交报检单和随附单据。

4. 电子报检人对已发送的报检申请需要更改或撤销报检时，应发送更改或撤销报检申请，检验检疫机构按有关规定处理。

（二）施检环节

报检企业接到报检成功信息后，按信息中心的提示与施检部门联系检验检疫。在现场检验检疫时，持报检软件打印的报检单和全套随附单据交施检人员审核，不符合要求的，施检人员通知报检企业立即更改，并将不符合情况反馈受理报检部门。

（三）计收费

计费由电子审单系统自动完成，接到施检部门转来的全套单据后，对照单据进行计费审核。报检单位逐票或按月缴纳检验检疫部门等有关费用。

（四）签证放行

签证放行由签证部门按规定办理。

相关链接

电　子　收　费

电子收费（支付）是指通过检验检疫机构与银行的网络联接，采用银行代收方式，实现企业电子支付检验检疫费用，检验检疫机构进行电子收费的过程。已在检验检疫机构办理报检单位登记备案或注册登记手续并具备可实施电子支付缴纳检验检疫费用的银行账户的企业均可申请电子收费。申请时需提供报检单位登记备案或注册登记证明复印件，以及填写《委托银行代收检验检疫费用协议书》。检验检疫机构审核合格后即可开通。

三、电子申报常见的问题和解决方法

1. 企业流水号重号。由于大多数报检企业习惯用报检日期或者生产批号作为流水号申报，所以就经常出现流水号重复不能申报的情况。因此，企业在申报的过程中应注意，尽量在编流水号时加上有别于其他企业的标识，如企业简称等。

2. 货物拼箱申报或混装。在报检过程中，经常出现货物拼箱或混装的情况，即将几个不同品名的货物装入一箱。这使得企业在申报包装种类及数量时无法对应品名进行填写。此时，大多数企业在申报时会将包装种类及数量填零或不填，而这会造成系统退单。正确的申报应该是将拼装总箱数填报在拼箱的第一条品名所对应的包装种类及数量栏中，而第二或第三条品名栏在对应的包装种类中填入包装种类，数量留空。

3. 保税区及加工区贸易申报。通常企业遇到保税区及加工区贸易时，在申报的过程中都会按照预检来申报，即不显示运输方式、启运口岸、输往国家，最终出具出境货物换证凭条，不做电子转单。但自从 CIQ2000 系统升级至 2.3 版后，货物贸易方式中增加了"保税区及加工区贸易"项目，故保税区及加工区贸易也能当做一般申报出具转单凭条，但在电子申报时应注意贸易方式与输往国家的对应一致。例如，贸易方式为"保税区进出区货物"，输往国家应对应为"保税区"；"加工区进出区货物"则对应的输往国家应为"加工区"。起运口岸则为相应的保税区所在口岸，如上海外高桥保税区，则启运口岸应填"上海口岸"或"外高桥口岸"。另外，应特别注意：此类贸易方式申报时，到达口岸应留空。

如果起运口岸在 CIQ2000 系统中被列入一类口岸，即在 CIQ2000 系统起运口岸中显示不出的，如苏州口岸、无锡口岸等，在申报时会遭遇退单，应及时与电子审单人员取得联系，说明情况，以便进行手工审单受理。

4. 运输方式为联运的申报。由于 CIQ2000 系统在运输方式方面并未设联运方式，所以企业在遇到运输方式为联运时应注意，如果是海空联运，则运输方式应申报为"海运"；如为空海联运，则运输方式可申报为"空运"；如为其他联运方式的，均可申报为联运的第一种运输方式，不得留空。

5. 复杂唛头的申报。在企业申报过程中，常常出现长唛头或唛头中含表格或非法字符的情况，导致企业不能正常申报。正确的申报应该是将唛头缩印贴在报检单唛头栏，而在电子报检时唛头栏中应填入"见贴唛"申报，不得留空，以免造成退单。

四、企业端电子报检

企业端电子报检的工作程序是：报检（先机审，后人审）企业发送电子报检数据→电子审单中心自动审核→符合传给受理报检人员→人工审核→符合反馈给报检单位和施检部门→受理报检→施检→计收费用→签证放行。

通过企业端专业软件报检，该形式是在电子报检推广初期向企业推荐的。第一步，企业在电脑上安装经国家质检总局测评认可的电子申报企业端软件；第二步，打开该软件，输入企业产品相关报检信息，将信息发至因特网，检验检疫电子业务服务平台将收到的数据转给检验检疫局，经我国出入境检验检疫局审核，生成正式报检号；第三步，企业接收回执，报检成功。该种形式需企业购买电脑、客户端软件，接入宽带，一次性投入费用较大，对业务量大、条件尚可的企业适合。

第二节

电　子　监　管

电子监管是以 CIQ2000 检验检疫综合业务管理系统为基础，利用信息化手段对企业生产加工过程、实验室检测、产品质量控制等检验检疫及监督管理工作实施电子化管理。其功能体现在出口货物前期管理、快速核放、进口货物快速查验等三个方面。

一、进口货物快速查验

（一）相关概念

1. 出口货物前期管理。包括建立企业电子档案；对出口货物监管前推，从源头管理；在生产过程排布关键控制点进行严密检验检疫检测；实时提取电子数据，实现严密监管和工作前推。

2. 出口货物快速核放。是指将出口企业日常监管信息、生产过程实时检验检疫结果和标准规定要求存入监管数据库，报检时，只需将数据进行比对，成功后即可放行。

3. 进口货物快速查验。进口货物快速查验是实现检验检疫机构与港务部门的网络互联、信息共享。货物到港前，该系统可提前获取港务部门相关电子信息，并对进口货物到货信息自动核查处理；货物到港后，按检验检疫不同要求查验核放。

（二）进口货物快速查验系统

1. 海港电子验放系统。适用于海港的电子验放系统充分利用港区船舶、集装箱和货物信息流，主动监控检验检疫对象，实现电子申报核查、快速查验、电子闸口管理三大目标。根据检验检疫的要求，对来自非疫区、无木质包装的《出入境检验检疫机构实施检验检疫的进出境商品目录》外的货物，系统实现申报核查、快速放行；对来自疫区和须查验的集装箱，系统向港区作业部门发送查验/卫生处理指令，实现信息共享，检企协同查验/处理；对无须港区内查验的或须查验并已检验检疫完毕的，系统向港区作业部门发送电子放行指令，实现电子闸口管理。海港电子验放系统使检验检疫对象以“最短的时间、最少的移动、最低的成本”完成通关放行。

2. 陆运口岸电子申报快速查验系统。在实施检验检疫电子通关后，在没有设置通道检验检疫闸口的情况下，适用于陆运口岸的电子申报快速查验系统利用海关通道自动核放系统闸口来为检验检疫执法把关，实现快速验放和有效监管。该系统提前受理企业报关审单，通道无需人员值守，车辆经过海关通道时，通过采集车辆 IC 卡（运载货物的货车可以通过 IC 卡的数据与其运载的货物信息挂钩）和司机 IC 卡的数据，系统自动控制闸口的开启。对于已提前报关且审单通过的货物，当车辆通过通道时，闸口自动开启，车辆自行通过；当属于布控车辆到达时，闸门不能开启，系统报警，由海关关员手工打开闸口，将车辆指引到指定地点待查。

3. 空港普通货物和快件电子验放系统。适用于空港普通货物和快件的电子验放系统利用空港数据平台提供的货物空运总运单、分运单以及申报人在网上确认补充的相关检验检疫数据等信息资源，对已在检验检疫机构电子申报的有关数据或申报人网上确认的信息进行核查，对未申报或申报不实的进行锁定，达到防止逃漏检的目的；通过电子审核实现有关货物的检疫预处理，避免货物的多次移动，加快通关速度，提高物流效率；同时，实现对空运进口货物的分类、统计功能；通过空港数据平台共享须由检验检疫机构和海关共同查验的信息，实现关检协同查验，最终实现电子放行。

二、检验检疫机构通过系统网络对报检人的监督审查

（一）审查规定

检验检疫机构通过系统网络对申请开通电子申报业务的报检人进行审查。经审查合格的报检人可以开展电子申报业务。对电子报检人的管理按下列规定办理：

1. 自理报检人以及负责报检、验货、取单等主要环节的代理报检人可按规定采用电子报检方式。

2. 只负责向检验检疫机构送交报检单及随附单据的代理报检人暂采取准电子报检方式，条件成熟后转为电子报检方式。准电子报检方式是指报检人将报检电子数据发送至检验检疫机构后，还需提交报检单及随附单据，由检务人员审核报检单及随附单据与有关电子数据是否一致，审核通过后，方可完成报检手续。

3. 对于连续 5 次发生报检信息不准确、造成报检信息错误的，自动降为准电子报检方式报检，需提交报检单及随附单据，经检务人员审核通过后，方可完成报检手续。若连续 10 次保持数据准确，并顺利通过检务人员审核，则自动转为电子报检方式。

检验检疫机构对电子报检人实施年度核查制度。电子报检人应于每年 3 月 31 日前向检验检疫机构提交上一年度的“年度审核报告书”，报告其上一年度的电子报检情况。

（二）审查结果

有下列情况之一的，检验检疫机构可暂停或取消报检人电子申报资格：

1. 逾期未参加年度审核的；

2. 有违反检验检疫有关规定行为的；

3. 被撤销、解散的。

三、电子信息和电子密钥

（一）电子信息和电子密钥的操作流程

随着电子监管信息化工程的实施，我国检验检疫机构已初步建成了电子信息交互网络，充分依托该网络实现电子申报业务。其具体操作流程如下：

1. 本着自愿加入的原则，报检企业可自行确定是否选择全程电子报检，对采用全程电子报检的企业发放电子密钥。

相关链接

电　子　密　钥

电子密钥就是电子签名的工具，是网络环境中的一个“公共安全设施”和“安全认证机构”支持下的技术产品，里面包含了证明用户的唯一身份和唯一权利的“数字证书”；其相当于用户的电子身份证，是用户在网络上具有法律效应的身份证明；使用户可以在网络上进行合法的电子签名，为用户在网络上的行为提供具有法律效应的证明；如同用户的电子钥匙，为用户在网络上的保密信息和行为提供更安全的保护。

2. 报检单位通过互联网网络将电子信息输入到报检信息数据库中，这些信息不仅包括报检单所要求的内容，也包括随附单据（如合同、发票、装箱单、厂检单等）中的数据信息，在发送数据信息的同时发送企业的电子签名密钥。

3. 检验检疫机构计算机系统对企业发送的密钥进行核对，如果密钥正确则可判断该信息为合法数据，具有法律效力，则将其导入 CIQ2000 检验检疫综合管理系统。

4. 检验检疫人员在查看报检信息的同时，查看审核相关随附单据的电子信息（随附单据信息可以按照检验检疫的统一格式显示）。

5. 完成检验检疫工作，出具相关单证。

（二）电子信息和电子密钥的优点

1. 通过引入电子密钥，确认电子数据的法律效力，解决了以往纸质单据传递慢、归档复杂、保存困难等缺点。

2. 省却了等待纸质单据的时间，使检验检疫速度得以进一步提升，同时随附单据可以按照检验检疫需要的格式显示，方便了检验检疫人员查看审核，也克服了某些纸质单据难以辨认的缺点。

3. 贸易关系人可以通过网络将货物单价、客户资料等涉及商业机密的信息直接发送检验检疫的内部数据库，大大减少因担心泄露商业机密而故意提供虚假单据的事件。一旦与银行、海关、商务管理机构等实现数据共享，更能加强对进出口贸易信息的监控。

第三节
电子放行

电子放行是利用口岸电子执法系统和检验检疫广域网，实现检验检疫机构与海关之间、检验检疫产地机构与口岸机构之间，在通关放行信息上的互联互通。电子放行功能体现在电子转单、电子通关、绿色通道制度和通关单联网核查四个方面。

一、电子转单

电子转单指通过系统网络，将产地和口岸检验检疫机构的相关信息相互连通，出境货物经产地检验检疫机构将检验检疫合格后的相关电子信息传输到出境口岸检验检疫机构；入境货物经入境口岸检验检疫机构签发“入境货物通关单”后，其相关电子信息传输到目的地检验检疫机构实施检验检疫的监管模式。

（一）入境电子转单

1. 对经入境口岸办理通关手续，需到目的地实施检验检疫的货物，口岸检验检疫机构通过网络，将相关信息传输到电子转单中心。入境货物电子转单传输内容包括报检信息、签证信息及其相关信息。

2. 由入境口岸检验检疫机构以书面方式向入境检验检疫关系人提供报检单号、转单号及密码等。

3. 目的地检验检疫机构应按时接收国家质检总局电子转单中心转发的相关电子信息，并反馈接收情况信息。

4. 入境检验检疫关系人应凭报检单号、转单号及密码等，向目的地检验检疫机构申请实施检验检疫。

5. 目的地检验检疫机构根据电子转单信息，对入境检验检疫关系人未在规定期限内办理报检的，将有关信息通过国家质检总局电子转单中心反馈给入境口岸检验检疫机构。入境口岸检验检疫机构应按时接收电子转单中心转发的上述信息，并采取相关的处理措施。

（二）出境电子转单

1. 产地检验检疫机构检验检疫合格后，应及时通过网络将相关信息传输到电子转单中心。出境货物电子转单传输内容包括报检信息、签证信息及其他相关信息。

2. 由产地检验检疫机构向出境检验检疫关系人以书面方式提供报检单号、转单号及密码等。

3. 出境检验检疫关系人凭报检单号、转单号及密码等到出境口岸检验检疫机构申请“出境货物通关单”。

4. 出境口岸检验检疫机构应出境检验检疫关系人的申请，提取电子转单信息，签发“出境货物通关单”，并将处理信息反馈给电子转单中心。

5. 按《口岸查验管理规定》需核查货证的，出境检验检疫关系人应配合出境口岸检验检疫机构完成检验检疫工作。

（三）暂不实施电子转单的情况

有下列情况之一者，暂不实施电子转单：（1）出境货物在产地预检的；（2）出境货物出境口岸不明确的；（3）出境货物需到口岸并批的；（4）出境货物按规定需在口岸检验检疫并出证的；（5）其他按有关规定不适用电子转单的。

（四）实施电子转单后的查验和更改

1. 查验。按《口岸查验管理规定》需核查货证的，报检单位应配合出境口岸检验检疫机构完成检验检疫工作。除出口活动物、重点检查有关名单企业申报的货物以及国家质检总局确定的货物等必须逐批核查货证外，其他货物的口岸查验核查货证的比例为申报查验批次的1%~3%；

2. 更改。产地检验检疫机构签发完“转单凭条”后需进行更改的，按《出入境检验检疫报检规定》的有关规定办理。应报检人和产地检验检疫机构要求，在不违反有关法律法规及规章的情况下，出境口岸检验检疫机构可以根据下列情况对电子转单有关信息予以更改：（1）对运输造成包装破损或短装等原因需要减少数（重）量的；（2）需要在出境口岸更改运输工具名称、发货日期、集装箱规格及数量等有关内容的；（3）申报总值按有关比重换算或变更申报总值幅度不超过10%的；（4）经口岸检验检疫机构和产地检验检疫机构协商同意更改有关内容的。

二、电子通关

电子通关是指采用网络信息技术，检验检疫部门在签发放行单的同时发送放行电子数据到海关的计算机业务系统，海关在核查电子放行信息和物理文本放行信息相符的前提下放行货物的通关形式。

电子通关方式具有信息共享、方便、快捷、准确的特点，企业可以在企业端通过电子申报进行电子报检，检验检疫机构放行的信息到达海关后，海关经核查无误即可放行。加快了通关速度，有效控制了报检数据与报关数据不符的问题。

三、绿色通道

绿色通道是指按照分类管理原则，对安全质量风险小、诚信度高的企业的出口货物，产地机构检验后，口岸机构免于查验，直接向海关发送电子通关单。国家质检总局已于2003年发布了《出口货物实施检验检疫绿色通道制度管理规定》，自2007年8月起在京、津两地实施试点以来，目前全国获得绿色通道通行证的有2000家企业。

（一）申请企业应具备的条件

1. 具有良好信誉，诚信度高，年出口额500万美元以上；
2. 已实施ISO质量管理体系，获得相关机构颁发的生产企业质量体系评审合格证书；
3. 出口货物质量长期稳定，两年内未发生过进口国质量索赔和争议；
4. 一年内无违规报检行为，两年内未受过检验检疫机构行政处罚；
5. 根据国家质检总局有关规定实施生产企业分类管理的，应当属于一类或者二类企业；

6. 法律法规及双边协议规定必须使用原产地标记的，应当获得原产地标记注册；

7. 国家质检总局规定的其他条件。

（二）实施绿色通道制度出口货物的放行流程

1. 报检信息的审核。实施绿色通道制度的自营出口企业，报检单位、发货人、生产企业必须一致；实施绿色通道制度的经营性企业，报检单位、发货人必须一致，其经营的出口货物必须由获准实施绿色通道制度生产企业生产。

2. 产地检验检疫机构对符合实施绿色通道制度条件的出口货物，检验检疫合格的以电子转单方式向口岸检验检疫机构发送通关数据。

3. 对于实施绿色通道制度的企业，口岸检验检疫机构审查电子转单数据中的相关信息，审查无误的，不需查验直接签发“出境货物通关单”。

4. 实施绿色通道制度的企业在口岸对有关申报内容进行更改的，口岸检验检疫机构不再按绿色通道制度的规定予以放行。

提示：散装货物、品质波动大、易变质和需在口岸换发检验检疫证书的货物，不实施绿色通道制度。

四、通关单联网核查

为了确保检验检疫机构对出入境货物的监管有效、方便进出，加快进出口货物通关速度，国家质检总局和海关总署开发了电子通关单联网核查系统，于2008年1月1日在全国检验检疫机构和海关正式实施。

通关单联网核查是指依据“先报检、后报关”原则，海关与检验检疫采用信息化手段，对法定检验检疫的出入境货物，实行出入境货物通关单电子数据与进出口货物报关单数据的联网核查，进一步提高通关效率，实现严密监管。

具体业务流程：

1. 质检按照有关法律法规的规定对法定检验检疫货物签发通关单；
2. 实时将通关单电子数据通过质检电子业务平台、经电子口岸信息平台传输给海关；
3. 海关凭通关单电子数据验放；
4. 在办结海关手续后实时将通关单使用情况反馈质检。

[复习思考题]

一、单选题

1. 对于法定检验检疫的入境货物，海关凭检验检疫机构签发的（　　）验放。

A. 入境货物检验检疫证明　　B. 入境货物调离通知单

C. 入境货物通关单　　D. 品质证书

2. 出境货物受理电子报检后，报检人应按受理报检信息的要求，在（　　），提交报检单和随附单据。

A. 实施检验检疫前　　B. 实施检验检疫时
C. 通关放行时　　D. 通关放行后

3. 对产地检验检疫、口岸报关出境的货物，由产地检验检疫机构出具(　　)，口岸检验检疫机构验证或核查货证合格后，换发(　　)。

A. 出境货物通关单，出境货物换证凭单
B. 出境货物换证凭单，出境货物通关单
C. 品质证书，出境货物通关单
D. 品质证书，出境货物换证凭单

4. 三电工程中所指的“电子申报”以下描述正确的是(　　)。

A. 出入境货物电子报检和产地证电子签证
B. 出境货物电子报检、入境货物电子报检和电子放行
C. 电子报关、出境货物电子报检和产地证电子签证
D. 出境货物电子报检、入境货物电子报检和电子报关

5. 自(　　)年1月1日起我国建立新的检验检疫货物通关制度，实施“先报检，后通关”的通关模式。

A. 2001　　B. 2002　　C. 2003　　D. 2004

二、多选题

1. 以下情况中，暂不实施出境电子转单的有(　　)。

A. 出境口岸不明确的货物
B. 需到口岸并批的货物
C. 出口活动物
D. 按规定在口岸检验检疫并签发证书的货物

2. 对于大宗散装货物，下列描述正确的是(　　)。

A. 不能使用电子报检　　B. 不能实施电子转单
C. 不能实施电子通关　　D. 不受理免检申请

3. 实施电子转单后，依据《口岸查验管理规定》相关规定，检验检疫机构(　　)。

A. 不再实行查验　　B. 实行批批查验
C. 对活动物实行批批查验　　D. 对一般货物实行抽查

4. 以下关于电子转单的表述正确的有(　　)。

A. 需在口岸实施检验检疫并出证的出境货物暂不实施电子转单
B. 检验检疫机构对电子转单的货物不再出具“出境货物换证凭单”
C. 已办理电子转单的货物，不能再向产地检验检疫机构申请出具其他证书
D. 已办理电子转单的货物在口岸出运时由于短装需要减少数量、重量的，仍可向口岸检验检疫机构申请“出境货物通关单”

5. 关于报检人发送电子报检信息的要求，以下表述正确的有(　　)。

A. 应保证电子报检信息的准确性
B. 应符合报检时限有关要求

C. 合同或信用证中有特殊检验检疫要求的，应同时申报

D. 不得重复发送同一批货物的电子报检信息

6. 下列属于申请电子报检的报检企业应具备的条件有（　　）。

A. 遵守报检的有关管理规定

B. 已在检验检疫机构办理报检人登记备案或注册登记手续

C. 具备开展电子报检的软硬件条件和经检验检疫机构培训考核合格的报检员

D. 在国家质检总局指定的机构办理电子业务开户手续

三、判断题

1. 自 2000 年 1 月 1 日起建立新的检验检疫货物通关制度，实施“先报检，后通关”的通关模式。（　　）

2. 列入《检验检疫商品目录》的进口商品，海关在办理通关手续时须加验检验检疫机构签发的入境货物通关单。（　　）

3. 三电工程就是指电子报检、电子转单和电子通关。（　　）

4. 逾期未参加年度考核的不予取消报检人的电子申报资格。（　　）

5. 对于连续 5 次发生报检信息不准确，造成报检信息错误的，自动降为准电子报检方式报检。（　　）

6. 《电子签名法》从法律上确认了电子信息的法律效力。（　　）

四、简答题

1. 什么是电子转单？

2. 电子通关的含义及作用是什么？

3. 简述电子申报的工作流程。

五、案例分析题

港口城市太仓，享有锦绣江南“金太仓”、上海浦东“后花园”之誉，是江苏省经济最为发达的地区之一。太仓港是上海国际航运中心的干线港和组合港，是国家一类口岸，江苏省把太仓港视为“江苏第一港”。为加快太仓外向型经济发展，加快外贸通关放行速度，太仓检验检疫局开展了信息化建设，“三电工程”建设也在有条不紊地进行。目前太仓检验检疫局电子申报量已占总申报量的 97% 以上。配合江苏检验检疫局“三电工程”新的发展措施——中小型进出口企业扶持计划，太仓检验检疫局携手九城公司，结合太仓实际情况，推出适合企业发展要求的优惠政策，并召开了“太仓地区中小型企业‘三电工程’扶持推广会议”。会上许多参会企业称赞太仓检验检疫局送来了“及时雨”，给中小型企业发展提供了良好的发展环境。此次会议不仅适应了“三电工程”和“大通关”工程当前的发展形势，更进一步让广大企业得到信息化快捷便利的实惠，优化了太仓地区的投资软环境，深受企业欢迎。

以上案例对我们有哪些启示呢？

（资料来源：宋兰芬主编，《报关与报检实务》，机械工业出版社 2007 年版。）

第八章
国际贸易商品分类

学习目标

学习目标：

- □ 了解 H.S 编码制度产生、结构、归类总规则、H.S 注释
- □ 查阅 H.S 编码品目号、子目号的方法和注意事项

技能要求：

- □ 熟悉 H.S 编码制度的结构
- □ 掌握 H.S 编码制度的归类总规则
- □ 了解查阅 H.S 编码制度的方法

第一节 商品名称和编码协调制度简介

一、H.S 编码协调制度

商品名称和编码协调制度（HARMONIZED COMMODITY DESCRIPTION AND CODING SYSTEM），也称 H.S 编码制度或协调制度，它是在海关合作理事会（现更名为世界海关组织 WCO）主持下制定，国际贸易税则和统计所使用的商品分类目录，也是当今国际贸易中用途最广泛、应用国家最多、最完整的国际贸易商品分类体系。

1983 年 6 月 14 日，海关合作理事会（现为 WCO）第 61/62 届会议通过了《商品名称和编码协调制度公约》及其附件《商品名称及编码协调制度》，简称《协调制

度》，或称《H. S 编码制度》。经过一段时间的各国立法批准，H. S 编码于 1988 年 1 月 1 日正式生效，于 1992 年 1 月 1 日起全面实施。美国、加拿大、欧共体等主要国家和绝大部分经济体都已加入了协调制度公约，并将本国或本地区税则商品按协调制度归类，世界上现在绝大部分的国家或地区以其作为编制本国关税的基础。截止到 2008 年，已有 245 个国家和地区采用协调制度目录编制本国和本地区的海关税则及商检和外贸统计商品目录。目前世界贸易总量的 98% 以上的货物是以协调制度目录进行分类的。协调制度在国际贸易、贸易统计、国际运输、国际贸易谈判以及经济分析等方面起着日益重要的作用。

H. S 编码由 H. S 国际公约和 H. S 分类目录组成。为更适应科学技术的发展及国际贸易格局的变化，协调制度委员会每隔四年就要对目录作一次全面的重审和修订。因此，自 1988 年协调制度实施起已进行了四次修订，形成了 1988、1992、1996、2002 和 2007 年版五个版本。

经国务院批准，我国海关自 1992 年 1 月 1 日起开始采用协调制度，使进出口商品归类工作成为我国海关最早实现与国际接轨的执法项目之一。海关以《商品名称和编码协调制度》为基础编制进出口税则。现行的《中华人民共和国进出口税则》从 2004 年 1 月 1 日起实施。

二、H. S 编码制度的结构与编排特点

（一）H. S 编码制度的分类原则

H. S 编码是按照商品的原料来源，结合加工程度和用途以工业部门划分。按照此原则和系统分类顺序编排品目，对所有国际贸易商品详细地进行分类。

1. 基本上以商品所属的生产行业为类的划分依据，通常以商品的自然属性（原材料及其制成品）或所具有的原理、功能及用途（制成品）为设章原则。类次及同类内章次多依照先动物商品，再植物商品，后矿物商品的顺序排列。

2. 同章内商品编码基本上依商品加工程度，由低向高递增。依此原则，同章内原材料商品在前，半制成品居中，制成品居后。

3. 协调制度分类时对难于按常用的分类标志进行分类的大宗进出口商品则从照顾商业习惯和实际操作的可行性专列类、章和品目。

H. S 编码的编排如图 8 – 1 所示。

第一类：活动物；动物产品（第 1 ~ 5 章）。

第二类：植物产品（第 6 ~ 14 章）。

第三类：动、植物油、脂及其分解产品；精制的食用油脂；动、植物蜡（第 15 章）。

第四类：食品；饮料；酒及醋；烟草及烟草代用品（第 16 ~ 24 章）。

第五类：矿产品（第 25 ~ 27 章）。

第六类：化学工业及相关工业产品（第 28 ~ 38 章）。

第七类：塑料及其制品；橡胶及其制品（第 39 ~ 40 章）。

第八类：生皮、皮革、毛皮及其制品；鞍具及挽具；旅行用品、手提包及类似容器；动物肠线（蚕胶丝除外）制品（第 41 ~ 43 章）。

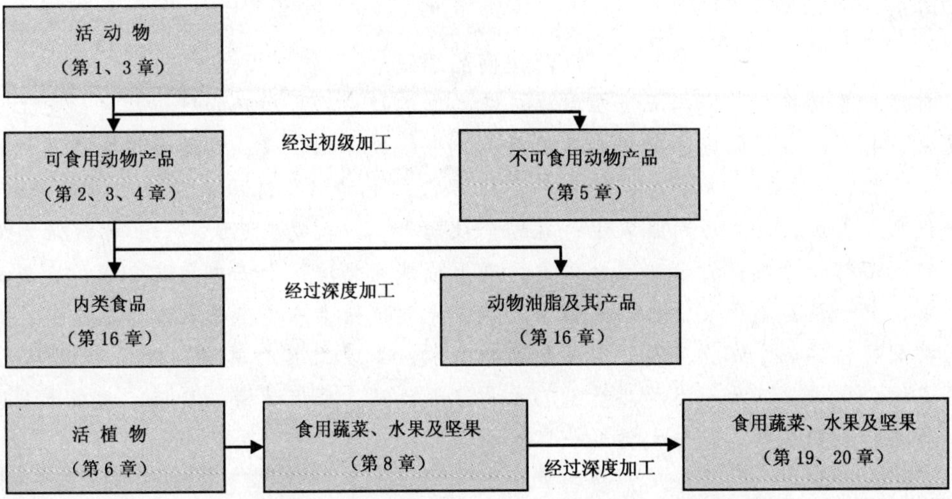

图8-1　H.S编码的顺序

第九类：木及木制品；木炭；软木及软木制品；稻草、秸秆、针茅或其他编结材料制品；篮筐及柳条制品（第44~46章）。

第十类：木浆及其他纤维状纤维素浆；回收（废碎）纸或纸板；纸、纸板及其制品（第47~49章）。

第十一类：纺织原料及其纺织制品（第50~63章）。

第十二类：鞋、帽；伞、仗、鞭及其零件；已加工过的羽毛及其制品；人造花；人发制品（第64~67章）。

第十三类：石料、石膏、水泥、石棉、云母及其类似材料的制品；陶瓷产品；玻璃及其制品（第68~70章）。

第十四类：天然或养殖珍珠，宝石或半宝石，贵金属（包括贵金属及其制品）；仿首饰；硬币（第71章）。

第十五类：贱金属及其制品（第72~83章）。

第十六类：机器、机械器具；电器设备及其零件；录音机及放映机、电视图像、声音的录制和重放设备及其零件、附件（第84~85章）。

第十七类：车辆、航空器、船舶及其有关运输设备（第86~89章）。

第十八类：光学、照相、电影、计量、检验、医疗或外科用仪器及设备、精密仪器及设备；钟表；乐器；上述物件的零件、附件（第90~92章）。

第十九类：武器、弹药；及其零件、附件（第93章）。

第二十类：杂项制品（第94~96章）。

第二十一类：艺术品、收藏品和古物（第97章）。

第二十二类：特殊交易品及未分类商品（第98章）。

相关链接

巧记商品编码

自然世界动植矿，一二五类在取样；三类四类口中物，矿产物料翻翻五；化工原料挺复杂，打开六类仔细查；塑料制品放第七，橡胶聚合脂烷烯；八类生皮合成革，箱包容套皮毛造；九类目秸草制品，框板柳条样样行；十类木浆纤维素，报刊书籍纸品做；十一税则是大类，纺织原料服装堆；鞋帽伞杖属十二，人发羽毛大半归；水泥石料写十三，玻璃石棉云母粘；贵金珠宝十四见，硬币珍珠同类现；十五查找贱金属，金属陶瓷工具物；电子设备不含表，机器电器十六找；光学仪器十八类，手表乐器别忘了；武器弹药特别类，单记十九少劳累；杂项制品口袋相，家具文具灯具亮；玩具游戏活动房，体育器械二十讲；二十一类物品贵，艺术收藏古物类；余下运输工具栏，放在十七谈一谈；商品归类实在难，记住大类第一环。

（资料来源：中国制造简易网。）

（二）H.S 编码结构

协调制度商品分类目录将国际贸易商品分为 22 类、98 章（新增第 22 类第 98 章为特殊交易品及未分类商品）、1221 个品目、5052 个 6 位数级商品编码。整个分类体系法律效力文本由商品名称及编码表、注释（类注、章注、子目注释）和归类总规则三部分组成。

相关链接

H.S 编码结构

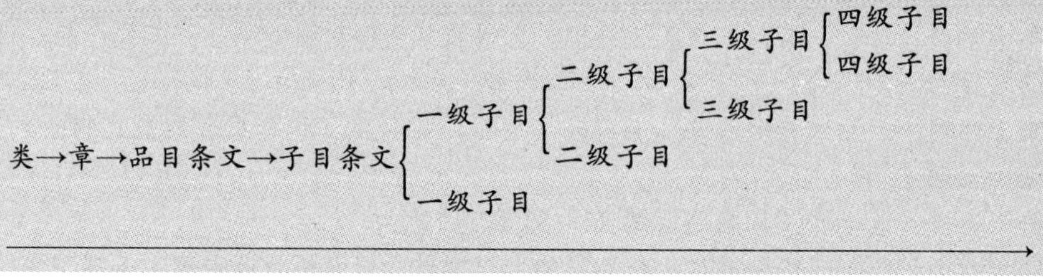

（三）H.S 编码正文

H.S 编码的品目（HEADING）和子目（SUBHEADING），是 H.S 中占篇幅最大的部分，也是 H.S 最主要的组成部分。

从结构上看，H.S 编码本身有四个层次，第一层为类，共有 22 类，类下面是章，共有 98 章，其中第 77 章无实际内容，是保留章，章下面设品目，品目又细分为一级品目，有的一级品目还细分为二级品目，品目下面包含各级子目。

1. 品目。

（1）结构和特点。品目由品目号和品目条文组成。**品目号**有四位数字，中间有一圆点，前两位数字表示该商品所在章的序号，后两位表示该商品按顺序在该章内所处的位置；**品目条文**是品目与品目号前面不带任何符号的那段文字。例如，72.02 就是 72 章的

第2条品目，其品目条文是：铁合金。

（2）种类。品目大致可分为两种，即列有具体商品名称的品目和未列有具体商品名称的品目。H.S编码中的大部分品目列出了该品目所包括的商品名称或对其作了具体的描述，如72.02铁合金。为了包罗万象，使得所有的商品都能归入适当的品目，作为对列名品目的补充，H.S编码还设有未具体列名品目，鉴于其作用，这种品目又被称为“一揽子品目”或“兜底品目”。

2. 子目。子目与品目类似，也是分为具体列名子目和未具体列名子目。与品目的情况不同的是，子目号的排列有时不连贯，这样，在修改时，可加入新子目，而不致于引起太大的结构变化。子目最重要的结构是分级。

3. 类注释、章注释和子目注释。H.S编码有些类、章、子目有注释，称为类注释、章注释和子目注释。这些注释构成了H.S编码不可分割的部分，并且与品目条文有同等的法律效力。

4. 归类总规则。

第二节

H.S编码的归类总规则

H.S编码的归类总规则是《商品名称及编码协调制度》中所规定的最为基本的商品归类规则，位于协调制度文本的卷首，是指导整个协调制度商品归类的总原则。归类总规则共有6条，是商品具有法律效力的归类依据，适用于品目条文、子目条文以及注释无法解决商品归类的场合。

一、规则一

（一）规则要求

类、章及分章的标题，仅为查找方便而设。具有法律效力的归类，应按品目条文和有关类注或章注确定，如品目、类注或章注无其他规定，按以下规则确定。

相关链接

确认编码

确认“装有计量装置的农用离心水泵”的编码：

（1）查阅类、章标题名称，应属于84章机械类货品。

（2）可涉及两个编码：8413液体泵/84248100农业器具。

（3）查阅第84章章注二的规定：既符合品目8401至8424，又符合品目8425至8480，应往前归类。

（4）确认编码为：84131900。

（二）规则解释

1. “类、章及分章的标题，仅为查找方便而设”。要将数以万计的商品归入编码表中的几千个子目之内并非易事，为便于查找编码，协调制度将一类或一章商品加以概括并冠以标题。由于现实中的商品种类繁多，通常情况下一类或一章标题很难准确地对本类、章商品加以概括，所以类、章及分章的标题仅为查找方便而设，不具有法律效力。换句话说，类章中的商品并不是全部都符合标题中的描述。例如，第15类的标题为“贱金属及其制品”，但许多贱金属制品并不归入该类，其中的“铜钮扣”就归入第96章“杂项制品”；其中的贱金属制机械设备归入第84章“核反应堆、锅炉、机器、机械器具及其零件”。又如，第22章的标题为“饮料、酒及醋”，但是通常被我们认为是饮料的瓶装蒸馏饮用水却不归入该章，而是归在第28章“无机化学品”。

2. “具有法律效力的归类，应按品目条文和有关类注或章注确定”。

（1）具有法律效力的商品归类，是按品目名称和有关类注或章注确定商品编码。

（2）许多商品可直接按目录规定进行归类。

类注、章注（简称“注释”）的作用在于限定品目、类、章商品的准确范围。

3. “如品目、类注或章注无其他规定”，旨在明确品目条文及与其相关的类、章注释是最重要的，它们是在确定归类时应首先考虑的规定。

二、规则二

（一）规则要求

1. 品目所列货品，应包括该项货品的不完整品或未制成品，只要在进口或出口时该项不完整品或未制成品具有完整品或制成品的基本特征；此外还应包括该项货品的完整品或制成品在进口或出口时的未组装件或拆散件。

2. 品目中所列材料或物质，应视为包括该种材料或物质与其他材料或物质混合或组合的物品；品目所列某种材料或物质构成的货品，应视为包括全部或部分由该种材料或物质构成的货品。

3. 由一种以上材料或物质构成的货品，应按规则三另行归类。

相关链接

确认编码

确认“做手套用、已剪成型的针织布”的编码：

（1）查阅类、章名称，针织棉布属52章，手套属61章；

（2）按规则二（一），未制成品，如已具备制成品的基本特征，应按制成品归类；

（3）按规则一规定，查阅52章、61章章注，未提到该物品是否具体列名；

（4）所以，按规则二（一）确认编码归入61169200。

（二）规则解释

1. 规则二实际上是扩大编码的商品范围，因为编码品目有限，不可能将各种情况的商品一一列出。

（1）品目所列商品包括其不完整品或未制成品，只要其具有完整品或制成品的基本特征，就应包括在内。例如，完整的一辆汽车和缺少某些零部件的汽车，在归类时都按整汽车归类，因为缺一个轮子的汽车，其缺少的部件并不影响产品本身的特征。

（2）包括该项货品的完整品或制成品在进口或出口时的未组装件或拆散件。

2. 不完整品、未制成品的概念。

（1）不完整品：是指某个商品还不完整，缺少某些零部件，但却具有完整品的基本特征。

（2）未制成品：指已具备了成品的形状特征，但还不能直接使用，需经进一步加工才能使用的商品。

（3）因运输、包装、加工贸易等原因，进口时未组装件或拆散的货品。例如，机电产品的成套散件，只需简单组装即可成为完整品。

3. 规则二有两层含义：

（1）品目中所列某种材料包括了该种材料的混合物或组合物，也是对品目商品范围的扩大。

（2）其适用条件是加进去的东西或组合起来的东西不能失去原商品的特征，即混合或组合后的商品不存在看起来可归入两个及以上品目的问题。例如，加糖的牛奶，还应按牛奶归类，添加了糖的牛奶并未改变牛奶的特性；而添加了花椒粉的盐则改变了盐的特性，使之属性从盐改变为调味品。

三、规则三

（一）规则要求

当货品按规则二或由于其他原因看起来可归入两个或两个以上品目时，应按以下规则归类：

1. 列名比较具体的品目，优先于列名一般的品目。

2. 混合物、不同材料构成或不同部件组成的组合物以及零售的成套货品，应按构成货品基本特征的材料或部件归类。

3. 货品不能按规则三的 1、2 款归类时，应按号列顺序归入其可归入的最末一个品目。

相关链接

确 认 编 码

确认“汽车用风挡刮雨器”的编码：

（1）可归入两个品目：8708 汽车零件；85 章电动工具；

（2）查阅第 16、17 类及 84、85 章注释，并无具体规定；

（3）转到规则三（一），选择列明最明确的品目，8512 是机动车用风挡刮雨器，比 8708 的汽车零件更为具体；

（4）确认编码归入 85124000。

（二）规则解释

1. 规则三运用的前提和具体规定，可概括为：具体列名、基本特征和从后归类。

这三条应按照其先后次序加以运用，即只有在不能按照规则三的第 1 款归类时，才能运用规则三的第 2 款；不能按照规则三的第 1 和第 2 款归类时，才能运用规则三的第 3 款，依此类推。

2. 当一个商品涉及两个或两个以上品目时，哪个品目相对于商品表述得更为具体，就归入哪个品目。

（1）货品的具体名称与商品的类别名称相比，货品的具体名称较为具体。例如，紧身胸衣是一种女内衣，有两个编码可归入，一个是 6208 女内衣，一个是 6212 妇女紧身胸衣。前一个是类名称，后一个是具体商品名称，故应归入 62123000。

（2）两个税号属同一类商品，可根据它的功能（用途）进行深度比较，哪个功能（用途）更为接近，就应视为更具体。

（3）一个品目所列名称更为明确地包括某一货品，则该品目要比所列名称不完全包括该货品的其他品目更为具体。

（4）两个或两个以上品目都仅述及混合或组合货品所含的某部分材料或物质，或零售成套货品中的某些货品，应按规则三的第 2 或第 3 款的规定进行归类。

3. 规则三的第 2 款的含义。

（1）本款归类原则适用：①混合物；②不同材料的组合货品；③不同部件的组合货品；④零售的成套货品。

（2）根据商品的外观形态、使用方式、主要用途、购买目的、价值比例、贸易习惯、商业习惯、生活习惯等诸多因素进行综合考虑分析来确定。

（3）“零售的成套货品”，是指同时符合以下三个条件的货品：①至少由两种看起来可归入不同编码的不同物品构成的；②为了适应某一项活动的特别需要而将几件产品或物品包装在一起的；③其包装形式适于直接销售给用户而货物无需重新包装的。

4. 规则三的第 3 款只能用于不能按规则三的第 1 或第 2 款归类的货品。

5. 规则三规定的货品应归入的顺序排列为最后的品目内。也就是说，如果看起来一个货品可以归入两个或两个以上品目时，比较起来每个品目都同样具体，那么就按在商品编码表中位置靠后的那个品目进行归类。

四、规则四

（一）规则要求

根据上述规则无法归类的货品，应归入与其最相类似的品目。即列出最相类似货品的归类品目，再从中选择一个最适合的品目。

（二）规则解释

1. 规则所述的“最相类似”，是指名称、功能、用途或结构上的相似。

2. 实际操作中往往难以统一认识，因为在每个品目都下设有“其他”子目，不少章节单独列出“未列名货品的品目”来收容未考虑到的货品，因此，规则四实际使用频率很低。

五、规则五

（一）规则要求

规则五是一条关于包装物品归类的专门条款。

1. 制成特殊形状仅适用于盛装某个或某套物品并适合长期使用的，如照相机套、乐器盒、枪套、绘图仪器盒、项链盒及类似容器，如果与所装物品同时进口或出口，并通常与所装物品一同出售的，应与所装物品一并归类。但本款不适用于本身构成整个货品基本特征的容器。

2. 除规则五的第1款规定的以外，与所装货品同时进口或出口的包装材料或包装容器，如果通常是用来包装这类货品的，应与所装货品一并归类。但明显可重复使用的包装材料和包装容器可不受本款限制。

3. 规则五的第1款仅适用于同时符合以下各条规定的容器：

（1）制成特定形状或形式，专门盛装某一物品或某套物品的，专门设计的，有些容器还制成所装物品的特殊形状。

（2）适合长期使用的，容器的使用期限与所盛装某一物品使用期限是相称的："在物品不使用期间，这些容器还起保护作用"。

4. 与所装物品一同进口或出口，不论其是否为了运输方便而与所装物品分开包装；单独进口或出口的容器应归入其应归入的相应品目。

5. 通常与所装物品一同出售。

6. 包装物本身并不构成整个货品的基本特征，其本身无独立使用价值。

（二）规则解释

1. 规则五不适用于本身构成整个商品基本特征的容器。例如，装有茶叶的银质茶叶罐，银罐本身价值昂贵，远远超出茶叶的价格，并已构成整个货品的基本特征，因此应按银制品归入税目71141100。又如，装有糖果的成套装饰性瓷碗应按瓷碗归类而不是按糖果归类。

2. 规则五的第2款实际上是对规则五第1款规定的补充。当包装材料或包装容器不符合规则五第1款的条件时，如果通常是用来包装某类货品的，则应与所装货品一同归类。但本款不适用于明显可以重复使用的包装材料或包装容器。例如，装有压缩液化气体的钢瓶应按钢铁制品和液化气分别归类。

六、规则六

由于H. S编码列有五位数级、六位数级子目。因此，有必要对五、六位数级子目的归类规则作出规定，规则六就是这样产生的。

（一）规则要求

货品在某一品目项下各子目的法定归类，应按子目条文或有关的子目注释以及以上各条规则来确定，但子目的比较只能在同一数级上进行。除协调制度条文另有规定的以外，有关的类注、章注也适用于本规则。

相关链接

确认编码

确认“金属制带软垫的理发用椅”的编码：

（1）涉及的品目：9401 和 9402；

（2）该两子目不是同一 4 位数级下的子目，因此不能比较；

（3）先选择更适合、更具体的 4 位品目，9402 列名更为具体；

（4）在 9402 下比较，确认归入 94021010。

（二）规则解释

1. 规则六中所称“同一数级”子目，是指同为五位数级或同为六位数级的子目。据此，当按照规则三第 1 款规定考虑某一物品在同一品目项下的两个及两个以上五位数级子目的归类时，只能依据有关的五位数级子目条文来确定哪五位数级子目所列名称更为具体或更为类似。只有在确定了列名更为具体的五位数级子目后，而且该子目项下又再细分了六位数级子目时，才能根据有关六位数级子目条文考虑物品应归入的子目。

2. “除条文另有规定的以外”是指类、章注释与子目条文或子目注释不相一致的情况。例如，第 71 章注释四（二）所规定的“铂”的范围，与第 71 章子目注释二所规定的“铂”的范围不相同。因此，在解释子目号 711011 及 711019 的范围时，应采用子目注释二，而不应考虑该章注释四第 2 款。即类、章注释与子目注释的应用次序为：子目注释—章注释—类注释。

3. 某个五位数级子目下所有六位数级子目的货品总和不得超出其所属的五位数级子目的商品范围；同样，某个四位数级税目下所有五位数级子目的商品总和也不得超出其所属的四位数级品目的商品范围。

总之，规则六表明，只有在货品归入适当的四位数级品目后，方可考虑将它归入合适的五位数级或六位数级子目，并且在任何情况下，应优先考虑五位数级子目后再考虑六位数级子目的范围或子目注释。此外，规则六注明只有属同一级别的子目才可作比较并进行归类选择，以决定哪个子目较为合适，比较方法为同级比较，层层比较。

第三节

查阅 H. S 品目号、子目号的方法与注意事项

一、直接查阅法

第一步：确认商品或货物的正确译名。

第二步：查阅目录，根据编码规则，初步确定商品及货物可归入的类别。

第三步：在掌握类别的前提下，查阅四位数品目号列确定商品、货物所在章。

第四步：依次查阅品目条文，确定商品及货物应归入的品目。商品若符合列出具体名称的品目条文的描述，便归入该品目；否则，归入有关的兜底品目。

第五步：确定商品货物的子目。判断是哪级子目（一至四级），关键是从“商品名称前面的横杠来确定；首先对该品目项下的一杠（级）子目进行比较，确定了应归入的一杠（级）子目，再在此子目下，找商品应归入的二杠（级）子目，依次类推。”

第六步：在按照上述步骤仍难以确定归类的情况下，按归类总规则最终归类。

二、《字母索引》查阅法

（一）相关文件

1.《商品名称和编码协调制度（正文）》（HARMONIZED COMMODITY DESCRIPTION AND CODING SYSTEM）。

2.《商品名称和编码协调制度注释》（HARMONIZED COMMODITY DESCRIPTION AND CODING SYSTEM EXPLANATORY NOTES）第1—4卷。

3.《商品名称和编码协调制度正文及其注释的字母索引》（ALPHABETICAL INDEX HARMONIZED COMMODITY DESCRIPTION AND CODING SYSTEM AND ITS EXPLANATORY NOTES）第1—2册。

4.《协调制度分类意见汇编》（COMPENDIUM OF HARMONIZED SYSTEM CLASSIFICATION OPINIONS）。

（二）查阅程序

1. 一般可按商品英文名称先查《索引》，再查正文和《注释》；也可根据商品的原料、属性、类别和用途查有关章、目。

2. H.S编码正文中的类注释和章注释是协调制度委员会的官方法定解释，是税则目录和协调制度不可分割的部分，查阅时务必认真研究。

3. 在一种产品似乎可以归入两个或更多的税目情况下，应按商品定义描述得最具体的税目归类；若无法确认，则按最相像的商品归类；若仍无法确认，则归入数字顺序为最后的税目号。

4. 编码数大于六位时，表示此编码是某国家根据H.S编制的税目号或统计编号，其前面六位数字即是H.S的编码。按照《商品名称和编码协调制度国际公约》规定，在H.S基础上编制的国家税目号或统计编号，前六位数字必须与H.S完全相同。如果该项商品在所属的H.S品目中未再细分，即无子目号时，编制国家税目号或统计编号时，其第四位数字后面应加上两个“0”，然后再加上国家税目号或统计编号的细分编码。

三、查阅H.S编码的注意事项

（一）注意事项

H.S编码结构严谨、复杂，其分类系统、科学，每一个商品都可以在H.S编码找到其对应的品目号或子目号。但由于人们理解的差异和商品情况的复杂，很可能出错或难以作出正确的判断，这就需要综合考虑以下几点：

1. 熟悉 H. S 编码正文及补充出版物的结构和规定。

2. 掌握 H. S 编码归类总规则，按其规定的原则和顺序进行查找和判断。

在实际应用中，很多人往往只注意标题和条文，而忽略了类、章、子目注释和归类总规则，从而导致了对某些商品分类的片面性和任意性。因此应特别强调类、章、子目注释和归类总规则是 H. S 编码重要的不可分割的组成部分。只有正确地运用，才能保证所进行的商品和货物分类科学准确。

3. 注意分级。

（1）重视类、章注释的查阅，特别是类、章注释对各类、章甚至品目、子目项下的商品定义、类别、性能、界限的具体说明，以便作出正确的判断。

（2）在已确定品目的条件下，首先对该品目项下的一杠（级）子目进行比较，确定应归入的一杠（级）子目，再在此子目下，确定商品应归入的二杠（级）子目。

4. 借助字母索引查阅时，应特别注意商品的英文名称标准化，但靠商品译名不一定能正确确定其税目号或编号。

（1）名词复数“S”不作为决定字母顺序的因素。例如，“Bat”应排在“Bats”之前。

（2）由两个或两个以上的词所组成的商品名称，应查商品主干词。例如，“Alarm Clock”（闹钟）、“Antique Clock”（古董钟）、“Electronic Clock”（电子钟）、“Cloak Clock”（钟盒）、“Clock Chain”（钟链）等，均应查“Clock”（钟）。

（3）对由两个或两个以上的词组成的化工品名称，大都以第一个词去查索引，或根据化工品的类别或化学基因查阅，其前缀可略去不查。例如，“Copper Sulphate”（硫酸铜），应查“Copper”（铜）一栏。

（4）无机化合物名称中表示化合物的前缀“di”、“tri”等，查索引时前缀等可以略去不查。

5. 混纺织物应根据其中占主要比重的纺织原料所属的章目去归类。

6. 成套物品应按其中起主要作用的物件归类。

（二）初学者如何查阅编码

1. 对于 H. S 编码的应用，掌握规则固然重要，但另一个不容忽视的要素也同样重要，那就是对货品的了解。这是运用归类规则的基础。对货品的了解应尽可能详细，其外观、形态、功能、所经过的加工等都可能影响货品的归类；说明书、包装上的图案、机电仪器的原理图等都有助于对货品的了解，有时还可能成为我们进行归类的关键依据。例如，运动服，既是服装，可归入 11 类，又是运动用品，可归入 95 章。经查阅有关类注释，根据 95 章注释 1，可确定运动服应依据纺织品材料归入 61 章或 62 章。

2. 依次查阅品目条文确定商品应归入的品目，如果商品符合列出具体名称的品目条文的描述，应将其归入该品目；否则，应归入有关的兜底品目（未列出具体品名的品目）。在这个过程中，有时需要反复查阅其他有关的品目条文或有关的类注释、章注释等。

3. 在确定商品应归入的品目后，如果需要确定商品应归入的子目，应首先与该品目下的一级子目进行比较，在确定一级子目后，再与该一级子目下的二级子目进行比较，以确定商品应归入的二级子目，如果需要进一步将商品归入三级、四级子目，可依此类推进行。

4. 在按照上述步骤仍难以确定商品归类的情况下，按归类总规则的规则二至规则六归类。

[复习思考题]

一、单选题

1. (　　)，海关合作理事会第 61/62 届会议通过了《商品名称和编码协调制度公约》及其附件——《商品名称和编码协调制度》。

A. 1970 年　　B. 1973 年
C. 1981 年　　D. 1983 年

2. H.S 编码于(　　)起全面实施。

A. 1983 年 6 月 14 日　　B. 1988 年 1 月 1 日
C. 1990 年 1 月 1 日　　D. 1992 年 1 月 1 日

3. 对商品进行归类时，品目条文所列的商品，应包括该项商品的非完整品或未制成品，只要在进口或出口时这些非完整品或未制成品具有完整品或制成品的(　　)。

A. 基本功能　　B. 相同用途
C. 基本特征　　D. 核心组成部件

4. 下列不属于 H.S 编码设立品目依据的是(　　)。

A. 产品的用途　　B. 产品的基本特征
C. 产品的加工程度　　D. 产品的加工工艺

5. 我国最早应用 H.S 编码的部门是(　　)。

A. 商品检验　　B. 动植物检疫
C. 卫生检疫　　D. 海关

6. H.S 编码制度将所有商品分为(　　)类，再在各类内设(　　)章。

A. 22　98　　B. 21　98
C. 21　97　　D. 21　98

二、多选题

1. H.S 的编排结构是将所有国际贸易商品按生产部门分为类；在各类内，基本上按同一起始原料或同一类型的产品设章，共有(　　)类(　　)章。

A. 19　　B. 22
C. 77　　D. 98

2. 在各章内，H.S 又按产品的(　　)设有品目。

A. 名称　　B. 加工程度
C. 基本特征　　D. 用途

3. 协调制度中的品目所列货品，除完整品或制成品外，还应包括(　　)。

A. 在进出口时具有完整品基本特征的不完整品

B. 在进出口时具有制成品基本特征的未制成品

C. 完整品或制成品在进出口时的未组装件或拆散件

D. 具有完整品或制成品基本特征的不完整品或未制成品在进出口时的未组装件或拆散件

4. 下列食品属于H. S归类总规则中所规定的“零售的成套货品”的是：(　　)。

A. 一个礼盒，内有咖啡一瓶、咖啡伴侣一瓶、塑料杯子两只

B. 一个礼盒，内有一瓶白兰地酒、一只打火机

C. 一个礼盒，内有一包巧克力、一个塑料玩具

D. 一碗方便面，内有一块面饼、两包调味品、一把塑料小叉

5. 下列货品进出口时，包装物与所装物品应分别归类的是：(　　)。

A. 40升专用钢瓶装液化氮气

B. 25千克桶（塑料桶）装涂料

C. 纸箱包装的彩色电视机

D. 分别进口的照相机和照相机套

6. H. S编码所有六位数商品都有(　　)。

A. 六位数编码　　B. 短杠

C. 冒号　　D. 条文

三、判断题

1. 我国海关于1992年1月1日开始以H. S编码为基础编制《中华人民共和国进出口税则》。(　　)

2. H. S的编排结构中，在各类内，基本上按同一起始原料或同一类型的产品设章，章内不设分章。(　　)

3. 我国海关于协调制度实施之日起开始以H. S编码为基础编制《中华人民共和国进出口税则》。(　　)

4. H. S编码分类目录的类注释、章注释和子目注释是H. S编码不可分割的部分，与H. S编码品目条文一样具有同等效力。(　　)

5. H. S编码的分类原则是：按照商品的原料来源，结合加工程度和最终用途以产业部门划分。(　　)

6. H. S编码的品目号由四位数字组成，中间一个圆点。原点前的两位数字表示章序号，原点后的两位数字表示该种商品在该章内的顺序号。(　　)

四、简答题

1. H. S编码制度的结构和编排有什么特点？

2. H. S编码归类的总规则是什么？

3. 怎样理解归类总规则第一条？

4. 查阅H. S编码的注意事项有哪些？

五、操作题（正确归类下列商品H. S编码）

1. 羊毛簇绒地毯，小轿车用。

2. 盐渍海蜇。

3. 由一件非针织的羊毛制厚夹克，及一条非针织制的羊毛机织长裤组成的供滑雪时穿的套装。

4. 带有工具箱的成套汽车修理工具。

5. 珍珠鸡罐头。

6. 熟石灰。

7. 褐色石磨木浆（桦木）。

8. 灯心草席，边长90cm×200cm。

9. 铝制易拉罐盖。

10. 非种用高粱（已去壳）。

11. 樟脑。

12. 冷冻水饺，鲅鱼肉及配料配制的馅。

13. 含有甘草浸膏的止咳糖浆。

14. 粗甘油。

15. 汽油打火机用火石，已加工成型。

16. 经梳理及洗涤并分等级的人发。

17. 洋葱粉。

18. 凡士林。

19. 表面为纯羊皮皮革，内衬羊毛皮的男式普通五指手套。

20. 藤编衣箱。

21. 染色混纺平纹机织物，按重量计，含55%的棉、20%的涤纶短纤、18%的羊毛、12%的桑蚕丝，每平方米重180克。

22. 表面镀钛家用地球仪。

23. 按重量比例含50%烤火鸡腿、30%面包、15%蔬菜、5%鱼子酱的食品套餐。

24. 玻璃制公路隔离线反光块。

25. 室内除臭剂，零售包装。

26. 塑料制男式拖鞋。

27. 石蕊试纸。

28. 按重量计乙烯单体单元为35%、丙烯单体单元为35%、异丁烯单体单元为30%的乙烯—丙烯—异丁烯共聚物（初级形状）。

29. 鲜柚子。

30. 籽棉。

第九章 外贸报检实训

第一节 入境货物报检实训

一、引例

武汉精伦电子科技有限公司（WUHAN JINGLUN ELECTRONIC TECHNOLOGY CO. LTD. 简称“武汉精伦”）是一家主要从事封装测试半导体器件及集成电路设计的高科技公司。为满足增产需要，计划在 2007 年完成一个投资技改项目，为此，需要进口先进的生产设备。由于该公司没有自营进出口权，且第一次从国外进口设备，因此计划委托湖北机电进出口有限公司（HUBEI MACHINERY AND ELECTRONIC EQUIPMENT IMPORT & EXPORT CO. LTD. 简称湖北机电）办理进口设备事宜。

武汉精伦与湖北机电通过协商，计划委托湖北机电从日本金星株式会社进口两台芯片制造设备。2009 年 9 月 27 日，武汉精伦与湖北机电签订了委托进口代理协议。

二、具体操作

代理进口是进口商利用自身国际贸易的经营渠道和国际货物买卖的业务操作能力，为客户提供专业的国际采购服务。湖北机电进出口有限公司接受武汉精伦电子科技有限公司的委托，作为武汉精伦的代理人，从进口项目的前期询价、比价，到承担进口合同的洽商、签订及执行，为用户提供服务，赚取代理费。

2009 年 9 月 27 日，武汉精伦与湖北机电签订了委托进口代理协议（见表 9－1）。

表 9－1

委托进口代理协议

委托方（甲方）：武汉精伦电子科技有限公司　　协议编号：HJ－07S007
地址：武汉东湖新技术开发区　　签订日期：2009. 9. 27
关东工业园 6 号　　签订地点：中国武汉
受托方（乙方）：湖北机电进出口有限公司
地址：武汉市武昌区中北路 54 号

甲方委托乙方向甲方指定客户金星株式会社代理进口数控冲床，乙方接受委托。经协商，甲乙双方达成委托进口代理协议如下：

进口货物以及订货要求的详细说明

货物名称及规格	数量	单价	金额
芯片制造设备 Mate－3	1 台	FOB 神户 11000000 日元/台	11000000 日元
芯片制造设备 ANEX－30	1 台	16000000 日元/台	16000000 日元
合计	2 台		27000000 日元

出口国	运输方式	国外装运时间	报关口岸
日本	海运	2009. 12. 31 之前	上海

双方权利义务

甲方：

1. 负责办理进口项目有关的进口报批和免税手续。

2. 确认进口货物合同，落实进口项目所需资金，按时付款，承担外汇汇率风险，不以任何理由拒付货款和其他款项。

3. 负责向乙方提供进口货物正确品名、品牌、型号、规格、工艺、品质及制造厂商或生产国别等有关书面资料，并应负责技术谈判及技术附件的确认。

4. 负责到货后的商检工作，如发现质量、数量等问题，及时在法定的或进口合同规定的索赔有效期内通知乙方或向外商直接提出索赔，并提供相应的商检证明文件。该索赔结果不影响甲方向乙方全额支付应付款和代理费用等的义务。

5. 有关涉及进口设备的专利、版权问题由甲方负责。

乙方：

1. 协助甲方办理进口设备的进口批文免税手续。

2. 在甲方按本协议资金到位及提交乙方所需相应材料的前提下，办理对外付汇及对内结算等有关事宜。

3. 办理到货后的报关和清关手续。

4. 及时向甲方通报合同的执行情况，协调有关商务事宜。

续表

支付与结算方式

乙方按进口设备保管金额的1%收取进口代理费，进口环节中所发生的海关费用、银行费用、港杂费、国内运保费等其他所有费用按实际发生额由甲方另付。具体支付如下：

1. 甲方在乙方开证前3个工作日，甲方向乙方支付开证保证金约30%。在收到外商通知后，乙方根据日元的汇率向甲方发出书面催款通知，甲方应按要求及时将合同余款汇入乙方的账号。

2. 鉴于乙方开具的不可撤销信用证在付款时间上的严肃性，甲方承诺，在收到上述乙方发出的催款通知后5个工作日内必须将此款汇入乙方账户，否则按银行规定，甲方按逾期天数以每天0.5‰的信用证金额向乙方支付违约金并承担相应的经济责任。

3. 清关前3天甲方将有关银行费用、海关费用、内外运输费及相关保险费、港口费等预计费用付给乙方，以便乙方及时清关。

4. 以上各项费用按实际发生额进行最终结算，多退少补。

特别约定及所有权保留

在甲方未向乙方付清本协议项下的货款前，甲方仅享有进口货物的占有、使用权，未经乙方书面同意，不得擅自抵押、转让，在此期间，乙方对上述财产享有所有权。

1. 违约责任及违约金的计算。甲乙双方对本协议执行过程中所发生的问题，应及时解决。因延误而造成的损失和费用由责任方承担，包括债权人为实现债权而支付的一切费用。甲方若未按约定付款，应向乙方支付违约金，即按每日0.5‰计算逾期滞纳金。

2. 争议的解决和管辖的确认。在执行本协议过程中发生的一切争议，甲乙双方应友好协商解决。协商不成，双方同意通过乙方所在地法院诉讼解决。但若遇代理协议的不能履约或履行不符合约定，是因国外卖方或第三方违约造成，并非出于乙方的过错，则在乙方被授权对外交涉（包括索赔、仲裁、诉讼等）尚未取得结果前，甲方不得起诉乙方。

3. 本协议未尽事宜，按《中华人民共和国合同法》、原外经贸部《关于对外贸易代理制暂行规定》和海关等有关规定办理。

4. 本协议的任何修改、变更须经双方书面同意确认，签字并加盖公章方为有效。若补充协议与本协议不一致，以补充协议为准。

5. 本协议自甲乙双方授权代表签字并加盖公章或合同专用章之日起生效，至双方各自履行完毕本协议项下的义务时自动失效。

6. 本协议一式两份，甲乙双方各执一份。

委托方（甲方）：
武汉精伦电子科技有限公司
2009年9月27日

受托方（乙方）：
湖北机电进出口有限公司
2009年9月27日

自2009年9月27日起，武汉精伦电子科技有限公司与湖北机电进出口有限公司一起与日本金星株式会社交易磋商，并在2009年10月5日达成了进口合同。

湖北机电进出口有限公司外贸业务员朱军查询《中华人民共和国海关进出口税则》，该数控冲床的海关编号为8462411900，监管条件为BO，B代表出境货物通关单，O代表进口许可证，外贸业务员朱军需办理进口批件。另外武汉精伦电子科技有限公司实施的项目是属于国家鼓励进口的投资项目，符合国家免税条件。

根据进口合同 NO. 07CH0905 支付条款的规定，武汉精伦电子科技有限公司及时办理开立信用证申请手续，使银行能在 2009 年 10 月 30 日前开出信用证。

2009 年 10 月 10 日，武汉精伦向湖北机电进出口有限公司支付了合同金额的 30%，用于支付开证保证金。

2009 年 10 月 15 日，湖北机电填写开证申请书，在背面的开证承诺书上盖章签字，提交包括合同副本等有关文件，向中国银行湖北省分行提出开证申请。根据湖北机电的资信情况，中国银行湖北省分行收取湖北机电的 30% 开证金额的开证保证金。

湖北机电进出口有限公司作为进口代理商，受武汉精伦电子科技有限公司委托代其办理该批货物在 FOB 贸易条件下的托运和投保事宜。湖北机电综合考虑承运人的公司规模、服务质量、海外网络、运价和船期，并经过比价后，2009 年 12 月 22 日，向中远集装箱船务代理公司递交了订舱委托书（见表 9－2），之后向武汉精伦发出订舱指示（见表 9－3）。

表 9－2 **进口订舱委托书**

D/R NO. WH457866

货名（填写英文）	Chip Manufacturing Equipment		
重量	14635KGS	尺码	25.8M³
合同号	07CH0905	包装	EXPORT STANDARD PACKING CARTON
装卸港	KOBE, JAPAN SHANGHAI, CHINA	交货期	NOT LANTER THAN DEC. 30, 2009
交货条款	FOR KOBE		
发货人 名称地址	GOLDEN STARS CORPORATION 160 DOUJISHACHO, KARASUMA－NISHIIRU, AYANOKOUJI DORI SHIMOGYOUKU KYOTO, JAPAN TEL: 0081－775453333		
收货人	TO ORDER		
订妥船名	HUANG HE V.321G	预抵港期	DEC. 27. 2009
唛头	07CH0905 SHANGHAI, CHINA MADE IN JAPAN	委托单位 HUBEI MACHINERY AND ELECTRONIC EQUIPMENT IMPORT & EXPORT CO., LTD. 54 ZHONGBEI ROAD, WUCHANG DISTRICT, WUHAN, CHINA	联系人 电传 电话

注：危险品须注明性能。

表 9－3

订舱指示

DATE DEC. 22. 2009 OUR REF.　　NO.： WH457866
FROM： KOBE, JAPAN　　DATE： DEC. 25. 2009
TO： SHANGHAI, CHINA

DEAR SIRS.
RE： SHIPMENT OF CONTRACT NO： 07CH0905
LETTER OF CREDIT NO. LC7300703

WE WISH TO ADVISE THAT THE FOLLOWING STIPULATED VESSEL WILL ARRIVE AT SHANGHAI PORT, ON/ABOUT DEC, 27, 2009

VESSEL'S NAME： HUANG HE VOY. NO.： 321G

WE'LL APPRECUATE TI SEE THAT THE COVERING GOODS WOULD BE SHIPPED ON THE ABOVE VESSEL ON THE DATE OF L/C CALLED.

SINACERELY YOURS,

HUBEI MACHINERY AND ELECTORNIC EQUIPMENT IMPORT&EXPORT CO., LTD.

为了方便投保，2009 年 12 月 25 日，湖北机电进出口有限公司与中国人民保险公司湖北省分公司签订了预约保险合同。日本金星公司在货物装船后，根据合同要求，向湖北机电及中国人保湖北省分公司发出装船通知，中国人保湖北省分公司根据预约保险合同的规定自动承保。

2009 年 12 月 26 日，湖北机电接到上海中远集装箱运输船务代理公司发出的到货通知书，通知货物 12 月 25 日于日本神户港启运，预计 12 月 27 日到达上海港，湖北机电可以于 12 月 28 日上午到上海中远集装箱运输船务代理公司办理凭正本提单换取提货单的手续。

2010 年 1 月 3 日，湖北机电填写入境报检单（见表 9－4）和报检委托书，委托货代公司办理入境报检手续。同日，通过入境检验，外贸业务员朱军拿到入境货物通关单，连同填制的进口货物报关单、报关委托书及商业发票、装箱单、提货单等单据，委托货代公司向上海海关办理进口报关手续。

表 9－4

中华人民共和国出入境检验检疫
入境货物报检单

报检单位（加盖公章）：　　　　＊编号________
报检单位登记号：　　联系人：朱军　　电话：　　报检日期：　　年　　月　　日

发货人	（中文）金星株式会社	企业性质（划“√”）□合资□合作□外资
	（外文）GOLDEN STARS CORPORATION	
收货人	（中文）湖北机电进出口有限公司	
	（外文）HUBEI MACHINERY AND ELECTRONIC EQUIPMENT IMPORT&EXPORT CO., LTD	

续表

货物名称（中/外文）	H.S. 编码	原产国（地区）	数/重量	货物总值	包装种类及数量
芯片制造设备 Chip Manufacturing Equipment	8462411900	日本	2台	JPY27000000	2木箱
运输工具名称号码	HUANG HE 321G			合同号	07CH0905
贸易方式	一般贸易	贸易国别（地区）	日本	提单/运单号	WH457866
到货日期	09.12.27	启动国家（地区）	日本	许可证/审批号	07129888
卸毕日期	09.12.28	启运口岸	神户	入境口岸	上海
索赔有效期至	卸货后60天内	经停口岸	/	目的地	武汉
集装箱规格、数量及号码		1×20’ FCL TRWU654321			
合同订立的特殊条款 以及其他要求		货物到达口岸后，如发现到货规格或数量/重量与合同不符，除应由保险公司或船公司负责外，买方于货物到岸卸货后60天内凭有关检验证书有权拒收货物。		货物存放地点	
				用　途	自营自销
根据单据（划“√”或补填）		标记及号码		外商投资财产（划“√”）	□是　□否
□合同 □发票 □提/运单 □兽医卫生证书 □植物检疫证书 □动物检疫证书 □卫生证书 □原产地证 □许可/审批文件	□到货通知 □装箱单 □质保书 □理货清单 □磅码单 □验收报告 □使用非针叶树木质包装证明 □ □	07CH0905 SHANGHAI, CHINA MADE IN JAPAN		＊ 检验检疫费	
				总金额 （人民币元）	
				计费人	
				收费人	
报检人郑重声明： 1. 本人被授权报检。 2. 上列填写内容正确属实。 签名：________				领取证单	
				日期	
				签名	

注：有“＊”号栏由出入境检验检疫机关填写

◆ 国家出入境检验检疫局制

第二节

出境货物报检实训

实训项目：制出境货物报检单。

基本要求：根据合同、信用证及下述提供资料，制作出境货物报检单，要求格式清楚、内容完整。

相关说明：2008 年 8 月 12 日，南京蓝星贸易公司填写出境货物报检单，随附合同、信用证、发票、装箱单等申请报检，要求签发出境货物换证凭单与品质证书。出口商品为 GOLF CAPS（高尔夫球帽），1800 打，20 打装一箱，存放于工厂仓库。商品海关编码为 59019091，用一个 20 尺集装箱装运。

1. 销售确认书（见表 9－5）。

表 9－5

售货确认书

SALES CONFIRMATION

卖方（Sellers）:		Contract No.:	03TG28711
NANJING LANXING CO., LTD		Date:	JULY, 22, 2008
ROOM 2501, JIAFA MANSTION, BEIJING WEST ROAD, NANJING		Signed at:	NANJING
买方（Buyers）:			
EAST AGENT COMPANY			
3-72, OHTAMACHI, NAKA-KU, YOKOHAMA, JAPAN231			

This Sales Contract is made by and between the Sellers and Buyers, whereby the sellers agree to sell and the buyers agree to buy the under－mentioned goods according to the terms and conditions stipulated below:

品名及规格 NAME OF COMMODITY & SPECIFICATION	单价 UNIT PRICE	数量 QUAN	金额及术语 AMOUNT & PRICE TERMS
H6－59940BS GOLF CAPS	CIF AKITA USD 8.10	1800DOZS	CIF AKITA USD 14580.00
10% more or less both in amount And quantity allowed		TOTAL	USD 14580.00

Packing:	CARTON
Delivery:	From NANJING to AKITA
Shipping Marks:	V. H LAS PLAMS C/NO.
Time of Shipment:	Within 30 days after receipt of L/C. allowing transshipment and partial shipment.

续表

Terms of Payment:	By 100% Irrevocable Letter of Credit on favor of the Sellers to be available. By sight draft to be opened and to reach China before JULY 30, 2003 and to remain valid for negotiation in China until the 15th days after the foresaid Time of Shipment. L/C must mention this contract number L/C advised by BANK OF CHINA NANJING BRANCH. TLX: 44U4K NJBC, CN. ALL banking Charges outside China (the mainland of China) are for account of the Drawee.
Insurance:	To be effected by Sellers for 110% of full invoice value covering F. P. A up to AKITA To be effected by the Buyers.
Arbitration	All disputes arising from the execution of or in connection with this contract shall be settled amicable by negotiation. In case of settlement can be reached through negotiation the case shall then be submitted to China International Economic & Trade Arbitration Commission. In Nanjing for arbitration in act with its sure of procedures. The arbitral award is final and binding upon both parties for setting the Dispute. The fee, for arbitration shall be borne by the losing party unless otherwise awarded.
THE SELLER:	THE BUYER:

2. 信用证（见表9－6）。

表9－6

ISSUE OF DOCUMENTARY CREDIT	
ISSUING BANK	METITABANKLED., JAPAN
DOC. CREDIT NUMBER	LTR0505457
DATE OF ISSUE	030727
EXPIRY	DATE 030908 PLACE NANJING, CHINA
APPLICANT	EAST AGENT COMPANY 3-72, OHTAMACHI, NAKA-KU, YOKOHAMA, JAPAN231
BENEFICIARY	NANJING LANXING CO., LTD ROOM 2501, JIAFA MANSTION, BEIJING WEST ROAD, NANJING
AMOUNT	CURRENCY USD AMOUNT 14580.00
POS./NEG. TOL. (%)	5/5
AVAILABLE WITH/BY	ANY BANK IN ADVISING COUNTRY BU NEGOTIATION
DRAFT AT...	DRAFTS AT SIGHT FOR FULL INVOICE VALUE
PARTIAL SHIPMENTS	ALLOWED
TRANSSHIPMENT	ALLOWED
LOADING IN CHARGE	NANJING
FOR TRANSPORT TO	AKITA
SHIPMENT PERIOD	AT THE LATEST AUG 30, 2003

续表

DESCRIPT. OF GOODS	1800 DOZS OF H6 – 59940BS GOLF CAPS, USD 8.10 PER DOZ AS PER SALES CONTRACT 03TG28711 DD 22, 7, 08 CIF AKITA
DOCUMENTS REQUIRED	* COMMERCIAL INVOICE 1 SIGNED ORIGINAL AND 5 COPIES * PACKING LIST IN 2 COPIES * FULL SET OF CLEAN ON BOARD, MARKED "FREIGHT PREPAID" AND NOTIFY APPLICANT (AS INDICATE ABOVE) * GSP CERTIFICATE OF ORIGIN FORM A, CERTIFYING GOODS OF ORIGIN IN CHINA, ISSUED BY COMPETENT AUTHORITIES * INSURANCE POLICY/CERTIFICATE COVERING F. P. A. OF PICC. INCLUDING WARWHOUSE TO WAREHOUSE CLAUSE UP TO FINAL DESTINATION AT AKITA, FOR AT LEAST 110 PCT OF CIF – VALUE. * SHIPPING ADVICES MUST BE SENT TO APPLICANT WITH 2 DAYS AFTER SHIPMENT ADVISING NUMBERE OF PACKAGES, GROSS & NET WEIGHT, VESSEL NAME, BILL OF LADING NO. AND DATE, CONTRACT NO., VALUE.
PRESENTATION PERIOD	21 DAYS AFTER ISSUANCE DATE OF SHIPPING DOCUMENT
CONFIRMATION	WITHOUT
INSTRUCTIONS	THE NEGOTIATION BANK MUST FORWARD THE DRAFTS AND ALL DOCUMENTS BY REGISTERED AIRMAIL. DIRECT TO US IN TWO CONSECUTIVE LOTS, UPON RECEIPT OF THE DRAFTS AND DOCUMENTS IN ORDER, WE WILL REMIT THE PROCEEDS AS INSTRUCTED BY THE NEGOTIATING BANK.

3. 出境货物报检单（见表 9 – 7）。

表 9 – 7

中华人民共和国出入境检验检疫
出境货物报检单

报检单位（加盖公章）：
* 编号：
报检单位登记号：　　联系人：　　电话：　　报检日期：2008 年 8 月 12 日

发货人	（中文）南京蓝星贸易公司						
	（外文）NANJING LANXING CO. LTD.						
收货人	（中文）						
	（外文）EAST AGENT COMPANY						
货物名称（中/外文）	H. S 编码	产地	数/重量	货物总值	包装种类及数量		
高尔夫球帽 H6 – 59940BS GOLF CAPS	59019091	南京	1800 打	USD14580. 00	90 箱		
运输工具名称号码	海运	贸易方式	一般贸易	货物存放地点	工厂仓库		

续表

合同号	03TG28711		信用证号	LTR0505457	用途	
发货日期	2008.08.12	输往国家（区）	日本	许可证/审批号		
启运地	南京	到达口岸	秋田	生产单位注册		
集装箱规格、数量及号码		20尺×1				

合同、信用证订立的检验检疫条款或特殊要求	标记及号码	随附单据（划"√"或补填）	
/	V. H LAS PLAMS C/NO.	☐合同√ ☐信用证√ ☐发票√ ☐换证凭单 ☐装箱单√ ☐厂检单	☐包装性能结果单 ☐许可/审批文件 ☐ ☐ ☐ ☐

需要证单名称（划"√"或补填）			* 检验检疫费	
☐品质证书 √	一 正	三 副	总金额 （人民币）	
☐重量证书	正	副		
☐出境货物换证凭单 √	一 正	三 副	计费人	
☐兽医卫生证书	正	副		
☐健康证书	正	副		
☐卫生证书	正	副	收费人	
☐动物卫生证书	正	副		

报检人郑重声明：	领取证单	
1. 本人被授权报检。 2. 上列填写内容正确属实，货物无伪造或冒用他人的厂名、标志、认证标志，并承担货物质量责任。 签名＿＿＿＿＿＿	日期	2008.08.12
	签名	

注：有"*"号栏由出入境检验检疫机关填写

◆ 国家出入境检验检疫局制

第三节

通关单联网核查申报实训

一、入境货物报检单和进口货物报关单的填制比对

（一）说明

1. 报检单的发货人填写报关单的经营单位（以检验检疫备案登记代码录入）。

2. 报检单的启运国家（地区）即通关单的输出国家或地区，填写报关单的起运国（地区）。

3. 报检单货物的排列顺序：实施电子数据比对的法检商品排列在前（2 项），不实施比对的商品排列在后（1 项）。报关单上的法检货物项数和次序应与此一致。

4. 报检单的货物 H. S 编码按报关单对应法检商品的 H. S 编码填写。

5. 报检单货物按报关单对应法检商品的第一计量单位填写。

6. 报检单上每项法检商品以第一计量单位计算的数/重量应大于或等于报关单上对应法检商品的法定第一数量。

7. 报检单的入境口岸填写报关口岸名称。

8. 报关单上的通关单号与纸质通关单的号码一致。

（二）入境货物报检单和进口货物报关单的填制范例

“出入境检验检疫入境货物报检单”见表 9－8，“海关进口货物报关单”见表9－9。

二、出境货物报检单和出口货物报关单的填制比对

（一）说明

1. 报检单的发货人填写报关单的经营单位（以检验检疫备案登记代码录入）。

2. 报关单申报日期应在出境货物通关单有效期之内。

3. 报检单的输往国家（地区）即是通关单的输往国家或地区，填写报关单的运抵国（地区）。

4. 报关单上法检货物的项数（2 项，第 3 项为非法检商品）和次序与报检单一致。

5. 报检单上每项法检商品的 H. S 编码按报关单上对应法检商品的 H. S 编码填写。

6. 报检单货物的计量单位按报关单上对应法检商品的第一计量单位填写。

7. 报检单上每项法检商品以第一计量单位计算的数/重量应大于或等于报关单上对应法检商品的法定第一数量。

8. 报检单的启运口岸填写报关口岸名称。

9. 报关单上的通关单号与纸质通关单的号码一致。

（二）出境货物报检单和出口货物报关单的填制范例

“出入境检验检疫出境货物报检单”见表 9－10，“中华人民共和国海关出口货物报关单”见表 9－11。

表 9－8

中华人民共和国出入境检验检疫
入境货物报检单

报检单位（加盖公章）：＊＊＊代理报检有限公司　　　　编　号　470600108000001

报检单位登记号：4700910＊＊＊　　联系人：王汉兴　　电话：36666666　　报检日期：2008 年 01 月 01 日

①收货人	（中文）＊＊进出口有限公司	企业性质（划"√"）	□合资 □合作 □外资
	（外文）		
发货人	（中文）＊＊＊		
	（外文）＊＊＊		

货物名称（中/外文）	④H.S. 编码	原产国（地区）	⑤⑥数/重量	货物总值	包装种类及数量
③棉纤维型自动抓机	8445111200 M/N	法国	1 台	720810 美元	1 木托
棉纤维型梳棉机	8445111300 M/N	法国	1 台	315010 美元	1 木托
捻接器（七成新）	8448393000	法国	1 台	12580 美元	1 木托
运输工具名称号码	船舶 VICTOR211			合同号	07671123

贸易方式	一般贸易	贸易国别（地区）	法国	提单/运单号	HJSCLE03112102
到货日期	2008.01.01	②启运国家（地区）	法国	许可证/审批号	
卸毕日期	2008.01.01	启运口岸	法国	⑦入境口岸	盐田港
索赔有效期至	0000.00.00	经停口岸		目的地	深圳市龙岗区
集装箱规格、数量及号码	海运　20 英尺×1，E765781002				
合同订立的特殊条款以及其他要求				货物存放地点	码头
				用途	其他

随附单据（划"√"或补填）		标记及号码	＊外商投资财产（划"√"）	□是□否
□ 合同	□ 到货通知单	N/M 有 IPPC 标记	＊检验检疫费	
□ 发票	□ 装箱单		总金额（人民币元）	
□ 提/运单	□ 质保书			
□ 兽医卫生证书	□ 理货清单			
□ 植物检疫证书	□ 磅码单		计费人	
□ 动物检疫证书	□ 验收报告			
□ 卫生证书	□ 旧机电备案书			
□ 原产地证	□		收费人	
□ 许可/审批文件	□			

报检人郑重声明： 1. 本人被授权报检。 2. 上列填写内容正确属实。 签名：×××	领取证单	
	日期	
	签名	

表 9-9　中华人民共和国海关进口货物报关单

预录人编号：317006＊＊＊　　海关编号：168561543

进口口岸 大鹏海关（5316）	备案号 E53052000024	进口日期 2008.01.01	申报日期 2008.01.01
经营单位① 深运进出口有限公司 4403120×××	运输方式 江海运输	运输工具名称 HANJIN GOTHENBURG/G80	提运单号 HJSCLE03112102
收货单位 深圳市龙发纺织有限公司 4403940×××	贸易方式 一般贸易（0110）	征免性质 鼓励项目（789）	征税比例 0%
许可证号	起运国（地区）② 法国（305）	装货港 法国马赛港	境内目的地 深圳其他　44039

批准文号	成交方式 CIF	运费	保费	杂费
合同协议号 07671123	件数 3	包装种类 木托	毛重（公斤） 35375	净重（公斤） 30470
集装箱号 E765781002/20/2275	随附单据 A：入境货物通关单			用途　其他

标记唛码
装货港 LE HAVRE ⑧ A：470600108000001000

项号	商品编号	商品名称、规格型号	数量及单位	原产国（地区）	单价	总价	币制	征免
③01	④8445111200	棉纤维自动抓棉机	⑥1⑤台	法国	720810	720810	EUR	全免
(1)		TUSL TM		(305)			欧元	
02	8445111300	棉纤维型梳棉机	1台	法国	3150010	315010	EUR	全免
(2)		VER TM		(305)			欧元	
03	8448393000	捻接器（七成新）	1台	法国	12580	12580	EUR	全免
(3)				(305)			欧元	

税费征收情况

总价合计：1048400.00

录入员　　录入单位	兹声明以上申报无讹并承担法律责任	海关审单批注及放行日期（签章） 审单　　审价
报关员 单位地址　　申报单位（签章）　深运进出口有限公司 邮编　　电话		征税　　统计 查验　　放行

表 9-10

中华人民共和国出入境检验检疫
出境货物报检单

报检单位（加盖公章）：××集团股份有限公司　　　　编　号　470100208000001

报检单位登记号：4701600888　联系人：李红　电话：66860088　报检日期：2008 年 01 月 01 日

①发货人	（中文）	××集团股份有限公司
	（外文）	
收货人	（中文）＊＊	
	（外文）MoonRiver Import & Export Corporation，Busan	

货物名称（中/外文）	⑤H.S 编码	产地	⑥⑦数/重量	货物总值	包装种类及数量
④14″彩色电视机	8528721100 L.M/N	深圳	906 台	38849.28 美元	906 纸箱
21″液晶电视机	8528723200 L.M/N	深圳	350 台	63231.00 美元	305 纸箱

运输工具名称号码	船舶	贸易方式	进料对口	货物存放地点	本公司仓库
合同号	2006-33	信用证号		用途	其他
发货日期	2008.01.06	③输往国家（地区）	尼泊尔	许可证/审批号	＊　＊　＊
启运地	深圳	到达口岸	尼泊尔	生产单位注册号	4701600888
集装箱规格、数量及号码	＊＊＊				

合同、信用证订立的检验检疫条款或特殊要求	标记及号码	随附单据（划“√”或补填）	
＊＊＊	＊＊＊	□合同 □信用证 □发票 □换证凭单 □装箱单 □厂检单	□包装性能结果单 □许可/审批文件 □ □ □ □

需要证单名称（划“√”或补填）		＊检验检疫费	
□品质证书　____正____副 □质量证书　____正____副 □数量证书　____正____副 □兽医卫生证书　____正____副 □健康证书　____正____副 □卫生证书　____正____副 □动物卫生证书　____正____副	□植物检疫证书　____正____副 □熏蒸/消毒证书　____正____副 □出境货物换证凭单　____正____副 □出境货物通关单 □ □ □	总金额 （人民币元）	
		计费人	
		收费人	

报检人郑重声明：	领取证单	
1. 本人被授权报检。 2. 上列填写内容正确属实。	日期	
签名：×××	签名	

表 9－11　　中华人民共和国海关出口货物报关单

预录入编号：185128×××　　　　海关编号：168128×××

<table>
<tr><td>出口口岸　大鹏海关（5316）</td><td colspan="2">备案 E53052000 ×××</td><td colspan="2">出口日期 0000/00/00</td><td>申报日期② 2008.01.05</td></tr>
<tr><td>经营单位①×××集团股份有限公司 4403130×××</td><td>运输方式
江海运输（2）</td><td colspan="3">运输工具名称
E000000ZIN2A/Z11</td><td>提运单号
A1701120711</td></tr>
<tr><td>发货单位　×××集团股份有限公司 4403130</td><td colspan="2">贸易方式
进料对口（0615）</td><td colspan="2">征免性质
进料加工（0503）</td><td>结汇方式
先出后结（7）</td></tr>
<tr><td>许可证号　******************</td><td colspan="2">运抵国（地区）③
尼泊尔（0125）</td><td colspan="2">指运港
尼泊尔 xxx 港</td><td>境内货源地
深圳特区（44031）</td></tr>
<tr><td>批准文号 069609668</td><td>成交方式
FOB（3）</td><td>运费</td><td colspan="2">保费</td><td>杂费</td></tr>
<tr><td>合同协议号
2006－33</td><td>件数
1276</td><td>包装种类
纸箱（2）</td><td colspan="2">毛重（公斤）
33318</td><td>净重（公斤）
30914</td></tr>
<tr><td>集装箱号
MSKU8898231 *3（6）/20/2275</td><td colspan="3">随附单据
B：出境货物通关单</td><td colspan="2">生产厂家</td></tr>
<tr><td colspan="6">标记唛码及备注
退税/主管海关：深关现场　　⑨B：470100208000001000</td></tr>
</table>

项号	商品编号	商品名称、规格型号	数量及单位	原产国（地区）	单价	总价	币制	征免
④01	8528721100	14″彩色电视机	⑦906 台	尼泊尔	42.88	38849.28	USD	全免
0114		14″（美制式 13″）					美元	
02	8528723200	21″液晶电视机	305 台	尼泊尔	180.66	63231.00	USD	全免
0104							美元	
03	8529908290	21″彩色电视机机芯组件	40 千克	尼泊尔	25	500	USD	全免
0135							美元	

* * * * * 以下空白 * * * * *

税费征收情况　　合计总价：壹拾万零贰仟伍佰捌拾元贰角捌分（102580.28）
逐单申报单　集装箱号：APMU8008021，PONU7653189/20/2275

<table>
<tr><td>录入员　　录入单位</td><td>兹声明以上申报无讹并承担法律责任</td><td colspan="2">海关审单批注及放行日期（签章）</td></tr>
<tr><td colspan="2" rowspan="3">江××　　×××集团股份有限公司
报关员　吴××
单位地址　深圳南山华侨城　申报单位（签章）×××集团股份有限公司
（4403130****）
邮编：518053　电话：××××××　填制日期：2008/01/05</td><td>审单</td><td>审价</td></tr>
<tr><td>征税</td><td>统计</td></tr>
<tr><td>查验</td><td>放行</td></tr>
</table>

（资料来源：洪雷编著：《出入境检验检疫报检实用教程》，格致出版社 2009 年版。）

参考文献

1. 陶明、杨永康：《海关实务》，上海人民出版社 2003 年版。

2. 黄雨三：《最新进出口商品检验检疫法定程序与标准规范实用手册》，吉林科学技术出版社 2003 年版。

3. 兰影：《出入境检验检疫报检员培训教材》，中国法制出版社 2003 年版。

4. 王斌义：《报关员操作指引》，对外经济贸易大学出版社 2004 年版。

5. 邵铁民：《进出口货物海关通关实务》，上海财经大学出版社 2004 年版。

6. 李肇欣：《进出口商品报关、报检通关手册》，当代中国音像出版社 2005 年版。

7. 温耀庆、鲁丹萍：《商检与报关实务》，清华大学出版社 2006 年版。

8. 周臣、周琰照：《报检员手册》，企业管理出版社 2006 年版。

9. 宋兰芬、杜扬：《报关与报检实务》，机械工业出版社 2007 年版。

10. 童宏祥：《报检实务》，上海财经大学出版社 2007 年版。

11. 张援越：《报关与报检实务》，北京理工大学出版社 2007 年版。

12. 洪雷：《出入境检验检疫报检实用教程》，格致出版社、上海人民出版社 2009 年版。

13. 国家质检总局报检员资格考试教材编写委员会：《报检员资格全国统一考试教材》，中国标准出版社 2009 年版。

14. 中国出入境检验检疫协会：《报检员资格全国统一考试辅导》，中国计量出版社 2009 年版。